DUC DE BROGLIE
DE L'ACADÉMIE FRANÇAISE

HISTOIRE

DE

LA POLITIQUE EXTÉRIEURE

DE LOUIS XV

(1741-1756)

INDEX

PARIS
CALMANN LÉVY, ÉDITEUR
3, RUE AUBER, 3
—
1899

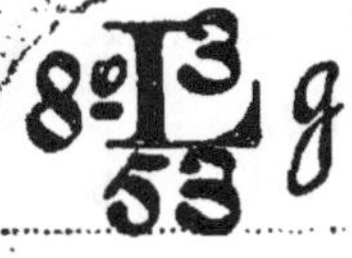

INDEX

COULONMIERS

Imprimerie Paul BRODARD.

DUC DE BROGLIE

DE L'ACADÉMIE FRANÇAISE

HISTOIRE

DE LA

POLITIQUE EXTÉRIEURE

DE LOUIS XV

(1741-1756)

INDEX

PARIS

CALMANN LÉVY, ÉDITEUR

3, RUE AUBER, 3

1899

INDEX ALPHABÉTIQUE

des dix volumes du Duc de Broglie, comprenant l'histoire de la politique extérieure de Louis XV, depuis l'ouverture de la guerre de la succession d'Autriche (1741), jusqu'au Traité de Versailles (1756).

Chacun des dix volumes de l'ouvrage est désigné dans l'index par une tomaison correspondant au rang du volume, en sorte que :

I signifie. . . . . . . *Frédéric II et Marie-Thérèse, t. 1.*
II   — . . . . *—   —   t. 2.*
III   — . . . . *Frédéric II et Louis XV, t. 1.*
IV   — . . . . *—   —   t. 2.*
V   — . . . . *Marie-Thérèse impératrice, t. 1.*
VI   — . . . . *—   —   t. 2.*
VII   — . . . . *Maurice de Saxe et le marquis d'Argenson, t. 1.*
VIII   — . . . . *Maurice de Saxe et le marquis d'Argenson, t. 2.*
IX   — . . . . *La Paix d'Aix-la-Chapelle.*
X   — . . . . *L'Alliance autrichienne.*

A

ACKROIS (C¹ᵉ d'). Aimé par Mᵐᵉ de La Tournelle, III, 314-315.
ACKROIS (Duchesse d'), IV, 192-193.

AIGUILLON (D'), II, 222.

AIX-LA-CHAPELLE. Annonce d'un congrès en cette ville, VIII, 352, 376; IX, 1 et suiv. Commencement des négociations, 92 et suiv. Signature des pré-

liminaires entre la France, l'Angleterre et la Hollande, 148 et suiv. Texte des préliminaires, app. B. Conclusion du traité définitif, 268, 270. 273. Texte du traité, app. B. Effets et résultats, 281 et suiv.

ALARY (Abbé), V, 173.

ALBEMARLE (Cte d'), V, 410.

ALEMBERT (D'), X, 71.

ALGAROTTI, I, 55, 98. Lettre que lui écrit Frédéric, 99-100. Envoyé auprès du roi de Sardaigne, 213-214. A Venise, X, 206.

ALSACE (Cardinal d'), archevêque de Bruxelles, VII, 336.

AMÉLIE, impératrice douairière, II, 15.

AMELOT, ministre des affaires étrangères, I, 156. Lettre à Valori, 187-188. Raillé par Frédéric, III, 322. Hostile à une politique énergique, 161-165, 187, 203. Est renvoyé, 218.

AMMON, ministre de Prusse à La Haye, VIII, 192.

ANDRIÉ, ministre de Prusse en Angleterre, V, 210, 233, 255; VI, 70, 74.

ANGLETERRE. Relations tendues avec la France, I, 191-192. Veut réconcilier la Prusse et l'Autriche, 192. Suggère un accommodement, 198. Mouvement d'opinion en faveur de Marie-Thérèse, 2.. Répugnance du gouvernement à la guerre, 229 et suiv. Pousse Marie-Thérèse à une transaction avec Frédéric, II, 10 et suiv. Sympathie de l'opinion pour Marie-Thérèse, 64. Se tourne contre la France, 213. Fomente une coalition contre la France, III, 33-34. Tente de faire la paix entre l'empereur et Marie-Thérèse, 245-247, 251. Traité avec Frédéric, 265-266.

Déclaration de guerre de la France, IV, 202. Inquiétudes à Londres, 243-245. L'opinion incline à la paix, V, 223-224, 256. Retour belliqueux, 379-380. Impression produite par la bataille de Fontenoy, VI, 51 et suiv. Inquiétude de l'opinion, 104 et suiv. Craintes d'invasion, 111 et suiv. Traité avec Frédéric, 144 et suiv. Revirement d'opinion contre Marie-Thérèse, 289-291. Fureur générale contre la France, VII, 260-262, 267-268. Difficultés avec l'Autriche, VIII, 115 et suiv., 203-204. Tendance à la paix, 204-206. Offres de paix à la France, IX, 45-46, 55, note, 56, 64. Dispositions du gouvernement et de l'opinion, 81 et suiv. Effet produit par la paix, 163-166; X, 80-81. Projets d'alliance avec Frédéric, 291 et suiv. Difficultés coloniales avec la France, 81 et suiv. La guerre désirée contre France, 89-91, 96-99. Capture de deux navires français, 116-117. Dissentiments avec l'Autriche, 133 et suiv. Le roi obligé de se rapprocher de Frédéric, 150 et suiv. Négociations avec celui-ci, 159 et suiv., 250 et suiv. Attitude provocatrice contre la France, 238-239. Traité avec la Russie, 250 et suiv. Traité avec Frédéric, 249, 261 et suiv. S'efforce d'isoler la France, 331 et suiv., 369. Voy. GEORGES II.

ANHALT (Maurice d'), 2e fils du suivant, VI, 351.

ANHALT (Prince d'), général de Frédéric, I, 89; II, 100; V, 115. Menace la frontière saxonne, VI, 113, 185, 333. Prend part à un conseil de guerre, 313-314. Entre en Saxe, 331-332. Vainqueur devant Dresde, 347 et suiv.

ANHALT-ZERBST (Princesse d'), épouse Pierre de Holstein-Gottorp, IV, 111-116.

ANNE, régente de Russie, II, 118-119.

ANSON (Amiral), VIII, 210-211.

ANSPACH (Margrave d'), beau-frère de Frédéric, IV, 103, 171; X, 233.

ANTERROCHE (C** d'). Sa conduite à Fontenoy, V, 110-111.

ANTI-MACHIAVEL (L'), I, 19, 93, 95, 101.

ANVERS. Siège et prise de cette ville, VII, 337, 342-344.

ANVILLE (Duc d'), VII, 22; VIII, 210.

ARANJUEZ (Traité d'), VI, 62.

ARENBERG (Duc d'), III, 260, 333; IV, 215; V, 355-356, 381; VI, 61, 93. Adjoint à Charles de Lorraine, 238.

ARGENS (M** d'). Envoyé par Frédéric à Dresde, VIII, 47. Envoyé en France, VIII, 222, 327-328.

ARGENSON (C** d'). Entre au conseil, III, 55-56. Ministre de la guerre, 302, 322. Apporte à M** de Châteauroux l'ordre de s'éloigner, IV, 311-312; V, 51. Lettre à Maurice de Saxe, 386-387. Rapport sur Fontenoy, VI, 15 et suiv. Son mécontentement des négociations avec la Sardaigne, VII, 111, 161, 180-181. Echappe à la disgrâce de son frère, VIII, 98. Mal disposé pour Maurice de Saxe, 333, 334, 367. Lettre à Belle-Isle, 263, 267. Heureux de la signature des préliminaires, IX, 160. Attitude envers l'Autriche, X, 223, 307-309. Est dérouté par le traité de Versailles, 382-383.

ARGENSON (M** d'). Nommé ministre des affaires étrangères, V, 50-51. Son portrait, 168 et suiv. Ses plans de constitution, 172 et suiv. Ses relations avec Voltaire, 183 et suiv. Ses débuts aux affaires étrangères, 195 et suiv. Veut porter Auguste III à l'empire, 214-215, 224 et suiv., 247 et suiv.; VI, 81-82. Sa confiance en Frédéric, V, 258 et suiv.; VI, 67-68, 149-150. Ses relations avec Van Hoey, V, 263-265. Instructions à La Ville, 270-271, 275. Ne secourt pas Maximilien, 299 et suiv. Réponse évasive à Frédéric, 339-342. Rejoint le roi à l'armée, 391. Lettre à Voltaire, 438-439. Offre la paix à la Hollande, 110-112. Prescrit l'inaction à Conti, VI, 85-86. Ses illusions, 95. Opposé à l'expédition de Charles-Edouard, 123-124. S'efforce d'empêcher l'élection du grand-duc, 170 et suiv. Irritation contre Auguste, 187-189. Répugnance à se séparer de Frédéric, 215-216, 226-229, 263-265, et app. A. Songe à la réunion d'un congrès, 217-219. Charge Vaulgrenant de négocier avec Marie-Thérèse, 227 et suiv. Propose à Frédéric de protester contre l'élection, 265-266. Favorable à Charles-Edouard, 282-287. Rompt avec la Hollande, 286-287. Désaccord avec ses collègues, 337-339. Donne des instructions confuses, 340-342. Son optimisme, 387-389; VII, 3-5. Entretien avec Chambrier, VI, 389-391. Favorise une tentative d'expédition en Ecosse, VII, 12 et suiv. Son attitude lors de la mission de Wassenaer, 63-66, 71 et suiv. Conférences avec celui-ci, 70 et suiv. Son amitié avec Vauréal, 97-98,

101-103. Son impatience contre l'Espagne, 103 et suiv. Entame des négociations avec la Sardaigne, 144 et suiv. Son projet de confédération italienne, 119 et suiv., 132-133. Envoie Champeaux à Turin, 128. Ses propositions, 130 et suiv. Hésite à accorder un armistice, 140 et suiv. Sa lettre à Maillebois, 147-148. Ses instructions à Champeaux, 149-150. Instructions à Vauréal, 152-153. Pris à partie par Campo Florido, 160. Félicité par Voltaire, 161-162. Son projet de traité, 166 et suiv. Signe un armistice, 176-177. Envoie le comte de Maillebois à Turin, 177. Blâmé par son frère, 161, 180-181. Blâmé par ses collègues, 161, 209-210. Ménage Charles-Emmanuel, 211-212 et app. A. Tombe en défaveur, 214-215. Négocie avec les envoyés hollandais, 226 et suiv. Dissentiment avec Noailles, 232-234, 241 et suiv. et app. B. Lettre en faveur des partisans de Charles-Edouard, 262 et suiv. Ménage la Hollande, 272 et suiv. S'oppose à ce qu'on menace l'Empire, 283-285. Négociations pour assurer la neutralité de l'Empire, 288 et suiv. Vaines tentatives auprès de Frédéric, 293-295, 300-301. Achète la neutralité de la Saxe, 304-307. Satisfait de la mort de Philippe V, 354-355. Hostile au mariage du Dauphin avec une infante, 383 et suiv. Veut le marier à une princesse de Savoie, 390 et suiv. Conseille un mariage avec la fille d'Auguste III, 398. S'imagine avoir seul réalisé ce projet, 431 et suiv. Règle le cérémonial, VIII, 2-3. Intrigues ourdies contre lui, 3 et suiv. Correspondance aigre-douce avec Vauréal, 5 et suiv., 78-81. Envoie Puisieulx en Hollande, 19 et suiv. Ses instructions, 25-27, 30-31, 35-37. Veut réconcilier Auguste III et Frédéric, 41-42. Veut faire passer Richelieu par Berlin, 44. A Maurice de Saxe contre lui, 63-64. Consent à laisser faire des ouvertures à Vienne, 65-67. Coalition contre lui, 74-75, 86 et suiv. Engage le Portugal à une médiation, 75-77. Recherche l'appui de la Turquie, 81-83. Demande en vain assistance à Frédéric, 92 et suiv. Est congédié, 98. Appréciation sur son caractère et sa politique, VII, 215-219; VIII, 99 et suiv. Son opinion sur Macanaz, 156 et note. Opinion sur Saint Séverin, IX, 67-68. Satisfait de la signature des préliminaires, 160, 257-258. Compose un drame sur l'ex-Charles-Edouard, app. C.

ARGET (D'). Voy. DARGET.

ARMANDI (Abbé), VII, 213, note.

ARMENTIÈRES (Mis d'), VII, 36, 53-54.

ARNAULT (Mis d'), VIII, 305, 307.

ARNETH (D'), auteur de l'*Histoire de Marie-Thérèse*, I, 9 et suiv.

ASFELD (Maréchal d'). Consulté sur l'envoi de l'armée de Maillebois en Bohême, III, 50-51.

ASSIÈTE (Combat du col de l'), VIII, 302 et suiv.

AUBETERRE (Vte d'), ambassadeur de France à Vienne, X, 77-78. Entretiens avec Kaunitz, 300-303. Entrepris par Klingraeffen, 303-304.

AUBIGNÉ (Cte d'). Attaqué dans Pisek par les Autrichiens, II, 169 et suiv. Ses lettres à Belle-Isle, 170-171, 175, 179.

AUDIFFRET (D'), VIII, 127.

AUGUSTE III, électeur de Saxe, roi de Pologne. Son caractère, I, 302. Penche vers l'Autriche, 393-301. Entre dans la coalition contre l'Autriche, II, 73. Confère avec Frédéric à Dresde, 190 et suiv. Ses hésitations, 205-207. Invité à abandonner la France, 312-313. Traite avec Marie-Thérèse, IV, 132. Forcé de livrer passage à Frédéric, 369. Se déclare pour l'Autriche, V, 72. La France veut le porter à l'empire, 214-215, 224 et suiv., 247 et suiv. Répond évasivement, 235 et suiv. Négocie avec l'Autriche, 237, 240, 243-245. Se déclare contre la France, 318. Traite avec Marie-Thérèse, 322-323; VI, 79-80. Se joue de la France, 82-84. Se déclare pour le grand-duc, 184-185. Attitude résolue contre Frédéric, 324. Prend peur, 327-328. La paix lui est offerte par Frédéric, 331-333. Se réfugie à Prague, 334. Signe la paix avec Frédéric, 362-363. Importance de son attitude, VII, 302-304. Convention avec la France, 304-307. Négociations pour le mariage de sa fille avec le Dauphin, 397 et suiv. Sa neutralité, VIII, 214-216. Ne s'oppose pas au passage des Russes, IX, 30 et suiv. Prêt à traiter avec la France, 234-235.

AUXILLON (Abbé). Envoyé français à Cologne, VI, 171-173, 262; VIII, 214, note.

AUTRICHE (Maison d'). Situation à la fin du règne de Charles VI, I, 17 et suiv. Voy. MARIE-THÉRÈSE.

AYEN (Duc d'), fils du maréchal de Noailles, IV, 232; V, 55.

B

BACHELIER, valet de chambre du roi, IV, 348.

BALLEROY (De), V, 43-44.

BARJAC, valet de chambre de Fleury, II, 220, 233.

BARTENSTEIN. Sa défiance envers Frédéric, I, 108-109. Opposé à un accommodement, 207. Sa confiance envers la France, 207. Répugne à se rapprocher de la France, VI, 261. Opinion sur les préliminaires d'Aix-la-Chapelle, IX, 194-195, 213.

BASSIGNANO (Combat de), VII, 109.

BATTHIANY (Cte), général autrichien. Envahit la Bavière, V, 307-308. Remplace d'Arenberg, VI, 93. Remplace Charles de Lorraine, VIII, 225. Son attitude à Lawfeldt, 270, 277-278. Reçoit des pouvoirs diplomatiques, 314. Laisse investir Maestricht, IX, 107, 114.

BAVIÈRE. Voy. CHARLES-ALBERT, MAXIMILIEN et I, app. B.

BAVIÈRE (Cte de). Tué à Lawfeldt, VIII, 277.

BAYREUTH (Margrave de), beau-frère de Frédéric. Relations avec Voltaire, IV, 100, 104-105. Favorable à la France, 171. Se rapproche de l'Angleterre, X, 233.

BAYREUTH (Margrave de), sœur de Frédéric. Son admiration pour Voltaire, IV, 98-99. Le reçoit à sa cour, 99 et suiv.

BEAUSOBRE, I, 32.

BEAUVAU (M** de). Envoyé auprès de Frédéric II, I, 92. Conférences avec Valori et Voltaire, 103-104. Son audience de congé, 140. Rapport qu'il envoie à Fleury, 142. Envoyé auprès de l'électeur de Bavière, II, 68.

BEDFORD (Duc de), ministre des affaires étrangères, IX, 41. Incline à la paix, 45.

BELLEFONDS (M** de), VIII, 273.

BELLEFONDS (M** de), IV, 293, 343.

BELLE-ISLE (Chevalier de). Accompagne son frère dans sa mission en Allemagne, I, 274. Son caractère, 275. Envoyé au siège de Prague, II, 127-128. Envoyé à Versailles, 221. S'emploie pour son frère, 221 et suiv. Envoyé par son frère annoncer la retraite de Prague, III, 148. L'accompagne de nouveau en Allemagne, V, 91. Arrêté avec lui, 101. Est à l'armée des Pays-Bas, VII, 349, note, 350, 421, 425. Sa conduite à Rocoux, 426-427. Devance son frère à l'armée d'Italie, VIII, 15. Se met en lumière, 130, 243-245, 247. Chargé de forcer les Alpes, 256-257, 287, 293-294. Attaque le fort d'Exilles, 300 et suiv. Est tué, 307.

BELLE-ISLE (Maréchal de). Son origine, ses débuts, son caractère, I, 167 et suiv. Placé sous les ordres de Berwick, 172. Gouverneur de Metz, 173. Relations avec l'électeur de Bavière, 173. Sa popularité, 167, 173-174, 224. Entretien avec Fleury, 177 et suiv. Activité qu'il déploie, 223-225. Créé maréchal, 224. Ambassadeur près la diète électorale, 224. Son entrée en Allemagne, 273-274. Décide de visiter les trois électeurs ecclésiastiques, 276 et suiv. Visite l'électeur de Trèves, 280-281; l'électeur de Cologne, 289-290; l'électeur de Mayence, 296-297. Achète le comté d'Elz, 297-299. Arrive à Dresde, 309. Se rend auprès de Frédéric, 318. Arrive au camp prussien, 320. Son opinion sur l'armée prussienne, 321-323. Ses entretiens avec Frédéric, 321 et suiv. Repart sans obtenir rien de définitif, 332. Se rend auprès de l'électeur de Bavière, 347-348. Se rend à Versailles, II, 3-4. Confère avec le roi et Fleury, 5 et suiv. Chargé à la fois de l'ambassade auprès de la Diète et du commandement de l'armée, 7-8. Part pour Francfort, 9. Y célèbre la Saint-Louis, 34-35. Irrité de l'incapacité de l'électeur de Bavière, 67 et app. B. Déconseille la marche sur Vienne, 70-71, 355. Repousse les ouvertures de Marie-Thérèse, 77-79. Déconcerté par la conduite de Frédéric, 112-114. Quitte Francfort pour diriger le siège de Prague, 123 et suiv. Tombe malade à Dresde, 126 et suiv. Arrive à Prague, 151. Remplacé à la tête de l'armée par le maréchal de Broglie, 153 et suiv. Son dépit, 157 et suiv. Part pour Francfort, 160. Séjour à Francfort, 164 et suiv. Dissentiments avec de Broglie, 211 et suiv. Ses amis et ses ennemis, 216 et suiv. Vient à Versailles, 230 et suiv. Mis à la tête de l'armée de Bohême, 234. Est fait duc, 235. Arrive à Prague, 279. Bat les Autrichiens de concert avec de Broglie, 281-282. Se rend auprès de Frédéric, 284. Son entretien avec le roi, 288 et suiv. Se rend à Dresde, 297. Retourne à Pra-

gue, 305. Désaccord avec de Broglie, 305-308. Chansonné à Paris, 322; III, 19-21 et note. Son mémoire au roi, II, app. H. Entrevue avec le maréchal Königseck pour traiter de la paix, III, 3, 10 et suiv. Placé sous les ordres du maréchal de Broglie, 25-27. Sa réponse, 28-30. Différend avec de Broglie, 60 et suiv. Nouvelle entrevue avec Königseck, 66 et suiv. Propose à de Broglie de tenter un raid de cavalerie, 90-91. Demande un congé à Paris, 97. Chargé du commandement de l'armée de Prague, 100 et suiv. Son plan, 106 et suiv. Ses préparatifs, 110 et suiv. Assiégé par Lobkowitz, 120 et suiv. Dénigré à Versailles, 123-124. Reçoit des conseils de Folard, 125-126. Décide de quitter Prague, 126-128. En laisse le commandement à Chevert, 128-130. Ses dispositions, 131 et suiv. Sort de Prague, 137-138. Son ordre de marche, 138-140. Opère la retraite, 140 et suiv. Arrive à Egra, 148. Sa joie, 148-150. Jugements divers sur sa conduite, 152 et suiv. et app. E. Écrit à Lobkowitz, 155 et app. E. Se rend à Amberg, 161. Rappelé en France, 169. Chargé d'une mission auprès de l'empereur, 163-164, 213-214 et app. F. Bien accueilli par le roi, 233-237. Se retire dans ses terres, 237 et suiv. Reprend son commandement de Metz, IV, 232-233. Efforts divers en sa faveur, 284 et suiv. Ses mesures pour arrêter le prince Charles, 314-315. Protège le départ de M⁰ᵉ de Châteauroux, 312-313. Est pour elle, 376. N'obtient pas de suivre le roi, 383. Va au siège de Fribourg, V, 0.

Mal servi par Schmettau, 28-30. Envoyé auprès de Frédéric, 88 et suiv. Séjour à Munich, 95-98. Visite Guillaume de Hesse, 99-100. Est arrêté à Elbingerode, 101 et suiv. Mené à Osterode, 103 et suiv. Conjectures faites à ce propos, 119-121. Effet produit, 121 et suiv. Emmené en Angleterre, 132 et suiv. Enfermé à Windsor, 136-137. Laissé libre sur parole, VI, 43-44. Remis en liberté, 114 et suiv. Fêté à Londres, 113-119. Favorable à un rapprochement avec Marie-Thérèse, 225-226, et app. A. Revient à Frédéric, VII, 11. Son attitude lors de la mission de Wassenaer, 66-67. Remplace Maillebois, VIII, 14-16. Difficultés qu'il rencontre, 121 et suiv. Délivre la Provence, 130-133. Différend avec La Mina, 203, 211, 217, 233 et suiv. Veut mettre son frère en lumière, 243-245, 256-257. Prépare le passage des Alpes, 285 et suiv. Ses angoisses, 290 et suiv. Son désespoir, 308-311. Est blâmé, 311-313, 318-319. Tente de se justifier, 315 et suiv. Vient à la cour, IX, 15. Retourne à l'armée, 228. Reçoit le commandement des côtes de l'Océan, X, 240. Fidèle à la politique prussienne, 314. Mécontent du traité de Versailles, 384.

Bène (C⁰ᵉ de), ministre d'Espagne à Munich, VI, 341.

Bentinck (C⁰ᵉ), envoyé à Londres par Guillaume d'Orange, VIII, 345; IX, 40-41. Plénipotentiaire à Aix-la-Chapelle, 80. Accède aux préliminaires, 150-151. S'absente, 151. Son impatience, 238-239. Se retire à la Haye, 211.

Bentinck (Charles), frère du

précédent. Envoyé à Londres, IX, 41-42.

BERGER, directeur de l'Opéra, VII, 51.

BERG-OP-ZOOM. Assiégée par Lowendal, VIII, 335, 353 et suiv. Prise et pillée, 362 et suiv.

BERNIS (Abbé de). Chargé de négocier avec Stahremberg, X, 200, 207 et suiv. Son portrait, VII, 317; X, 200 et suiv. Entre à l'Académie, 202. Ambassadeur à Venise, 205-206. Entrevue avec Stahremberg, 213-214. Présente un contre-projet, 216 et suiv., 289-290. Obtient des collaborateurs, 225-227. Négocie avec Stahremberg, 227-228. Voudrait connaître les intentions de Frédéric, 229-230. Entretien avec Stahremberg, 295-296. Son opposition dans le conseil, 297-298. Nouvelles négociations, 344 et suiv. Mis en demeure par Stahremberg, 364. Convainc le conseil, 365-366, 368-369. Prend part à la rédaction du traité, 369 et suiv. Tenu à l'écart par Rouillé, 387-388. Remet un mémoire à Stahremberg, 391-392 et app. B.

BESTUCHEF, chancelier d'Élisabeth de Russie, V, 329; VIII, 378; IX, 226; X, 139, 259, 307, 398.

BEUANONVILLE (Duc de), VII, 255.

BINET, V, 372.

BIREN, 1er ministre d'Anne de Russie, I, 38.

BIRON (Duc de). Son rôle à Fontenoy, V, 409-410, 427. Accompagne Maurice de Saxe à l'Opéra, VII, 51-52. Arrête Charles-Édouard, IX, 377.

BIZY (château de), au maréchal de Belle-Isle, I, 171; III, 237.

BLONDEL, résident de France à Francfort, III, 36-37, 152, 310; IV, 307-309. Doit quitter Mayence, V, 318. A Francfort, VI, 177, 225, 232, 258. Chargé d'affaires à Vienne, X, 20. Conquis par Marie-Thérèse, 20-22, 48.

BOGINO (Cte) ministre de la guerre sarde, VII, 169-170. Pourparlers avec le comte de Maillebois, 184-185. Son plan, 187-190.

BONNEVAL (Cte de), VIII, 82-83.

BORCK (De). V, 227; VII, 70.

BORCKE (Do), I, 109.

BORREGLIO (Mis de), ministre sarde, VII, 170.

BOTTA D'ADORNO. Sa mission auprès de Frédéric, I, 110 et suiv. Entretien décisif avec celui-ci, 127-129. Ministre d'Autriche à Pétersbourg, IV, 142; à Berlin, 142. Quitte Berlin, 143. Remplace Lichtenstein en Italie, VII, 361. Ses succès, 361 et suiv. Assiège Gênes, VIII, 134. Remplacé, 289.

BOUFFLERS (Cte de). Tué à Dettingue, III, 341.

BOUFFLERS (Duc de), II, 172; VII, 427. Amène un secours à Gênes, VIII, 249 et suiv. Tombe malade, 288. Meurt, IX, 16.

BOUFFLERS (Duchesse de), V, 56.

BOUILLON (Duc de), IV, 395; V, 47.

BOYER, évêque démissionnaire de Mirepoix, IV, 36-37, 39-40, 45, 49; VIII, 151.

BRACKEL, ministre de Russie en Prusse, I, 221.

BRANCAS (Duchesse de), III, 219, 222; V, 51-53; VII, 99-100.

BRANDEBOURG (Charles de), V, 11.

BRANDT (C^sse de), VI, 172.

Braun, général autrichien, IV. 14; VII, 363, 378; VIII, 70. S'avance en Provence, 124. Forcé à la retraite, 131, 134.

Braunau, place forte. Attaquée en vain par les Autrichiens, III, 118. Se rend au prince Charles, 314.

Breda (Conférence de), VIII, 23 et suiv. Est interrompue, 39. Est reprise, 151. Est suspendue, 167.

Breslau. Se rend à Frédéric, I, 104. Séjour de Frédéric, 215-216. Entrée des troupes prussiennes, II, 26. Traité de ce nom entre Frédéric et Marie-Thérèse, 312-313.

Breteuil (Mis de), ministre de la guerre, II, 280; III, 50.

Brézé (Mis de), VII, 30.

Briqueras (Cte), général sarde, VIII, 303.

Broglie (Abbé de). Son portrait, II, 224. S'emploie en faveur de son frère, 224 et suiv. Lui annonce l'envoi de M. de Maillebois, III, 65-66. Lettre sur l'agonie de Fleury, 173. Lettre à la maréchale de Broglie, 305-307. S'exile à son abbaye, 351. Lettre à Maurice de Saxe, VI. 27-28.

Broglie (Chevalier, puis Comte de), 2° fils du maréchal, III, 63-64 et app. H. Enlève la reddition d'Axel, VIII, 183-185 et notes. Ambassadeur à Dresde, X, 71, 383-386. Son succès en Saxe et en Pologne, 234-236, 430 note 4. Correspondance avec Nivernais, 281, 323-324. Signale les armements de Frédéric, 400.

Broglie (Cte, puis Duc de). Contribue à la prise de Prague, II, 133. Apporte à Versailles la nouvelle de la prise d'Egra, 238. Sa conduite à Prague, III, 63-64 et app. B. Devient duc de Broglie, VI, 26. En concurrence avec Maurice de Saxe, 26 et suiv.

Broglie (Maréchal de). Gouverneur de Strasbourg, I, 54. Entrevue avec Frédéric II. 57-58 et note. S'occupe du passage du Rhin par l'armée française, II, 31. Remplace Belle-Isle à l'armée de Bohême; son portrait, 153 et suiv. Secourt la place de Pisek, 169 et suiv. Se dispose à y hiverner, 178 et suiv. Mauvaise humeur de ses officiers, 174 et suiv. Antipathique à Frédéric. 183 et suiv. et app. E. Rappelle la division de Polastron, 203-204. Dissentiments avec Belle-Isle, 211 et suiv. Ses amis et ses ennemis, 216 et suiv. Reçoit un commandement en Bavière, 234. Rejoint par Belle-Isle, 279. Bat les Autrichiens de concert avec lui, 281-282. Forcé de se replier sur Prague, 298. Désaccord avec Belle-Isle, 303-306. Chansonné à Paris, 322. Assiégé dans Prague, III, 58 et suiv. Sortie victorieuse, 59. Différend avec Belle-Isle, 60 et suiv. Son attitude en apprenant l'envoi de Maillebois, 65-66, 71. S'oppose aux projets de Belle-Isle, 90-91. Préparatifs de jonction avec Maillebois, 91, 97. Quitte Prague pour remplacer Maillebois, 100-101, 114-116. Secourt la ville de Braunau, 118. Prend ses quartiers d'hiver, 119-120. Lettre à Belle-Isle, 120-121. Se plaint de l'état de l'armée, 302-304. Dissentiment avec l'empereur, 307 et suiv. et app. H. Songe à rejoindre Noailles, 315-316. Instructions qu'il reçoit, 323-324. Commence à se replier, 326. Reçoit de nouvelles ins-

tructions, 327-328 et app. I. Continue son mouvement, 329 et suiv. Son insuccès, 314-315. Sa disgrâce, 349-351. Frappé d'apoplexie, 352. Sa mort, VI, 26-27.

BROGLIE (Maréchale de), III, 305-308.

BROWN. Voy. **BRAUN.**

BRÜHL (Cte de), ministre d'Auguste III, I, 302; II, 199; V, 238, 242, 257; VI, 79, 175, note. Altercation avec Vaulgrenant, 185-186. Lui communique la convention de Hanovre, 200-201. Imprudence de langage, 311-312. Prend peur, 327-328. Conseille une réponse évasive à Frédéric, 333. Raillé par Frédéric, 361. Projette d'entraîner la France contre la Prusse, VIII, 42-43. Lettres à Maurice de Saxe, 51 et suiv. Est fait premier ministre, 67. Son accord avec Richelieu, 67-68, 93-96. Correspond avec celui-ci, 137 et suiv. Travaille à rapprocher l'Autriche et la France, IX, 51-53, 183-189. Renouvelle le traité avec la France, 231.

BRUNSWICK-WOLFENBÜTTEL (Duc de). Sert d'intermédiaire entre l'Angleterre et Frédéric, X, 159 et suiv.; 253 et suiv.

BRUXELLES. Siège et prise de cette ville par Maurice de Saxe, VII, 27 et suiv. Entrée du roi, 330.

BURMANIA, ministre de Hollande à Vienne, X, 339.

BUSSY, V, 311.

BYNG (Amiral), VIII, 216. N'ose secourir Port-Mahon, X, 391.

C

CAMAS (Colonel de), ministre de Prusse en France, I, 10. Ses

instructions, 47-48. Sa mission auprès de Voltaire, 48-50. Sa réserve avec Fleury, 91. Son opinion sur l'armée française, 101.

CAMPO FLORIDO, ambassadeur d'Espagne en France, VII, 96. Son indignation des négociations franco-sardes, 159-160. Est remplacé, 392, note.

CANALE (Cte), ministre de Sardaigne à Vienne, X, 339.

CAP-BRETON. Occupé par les Anglais, VI, 113; VIII, 210. Restitué à la France, IX, 319-320.

CARIGNAN (Pce Thomas de), VII, 116-117.

CARIGNAN (Psse de), VII, 117, 391, 396.

CARTERET. Succède à Walpole, sa politique, II, 212; III, 335. Lettre à Noailles, IV, 9-10. Négocie avec l'empereur, 15-17. Négocie avec la Sardaigne, 19 et suiv. Lui fait signer le traité de Worms, 127. Doit se retirer, V, 322-323. Rappelé un moment, VII, 26.

CARVAJAL (Cte de), ministre des affaires étrangères d'Espagne, VIII, 161-163, 202.

CASTELLANE (Cte de), ambassadeur à Constantinople, VIII, 82.

CASTERA, résident de France en Pologne, IX, 33, 35.

CHABANNES (Cte de), V, 410.

CHAMBRIER (De), ministre de Prusse à Paris, II, 218, 281, 318-319, 331. Ses rapports sur la longue agonie de Fleury, III, 168 et suiv. Rapports sur divers sujets, 218, 233, 238-239, 241-242. Suit le roi à l'armée, IV, 272; V, 28. Partisan de M** de Châteauroux, 31-33. Entretien avec Tencin,

123-126. Rapport sur l'impression produite par la mort de l'empereur, 141-142. Rapport après Fontenoy, VI, 52-53. Réclame des secours, 72, 74-76. Entretien avec d'Argenson, 389-391. Conversation avec Belle-Isle, VII, 11. Sonde d'Argenson, 300-301. Opinion sur Maurice de Saxe, VIII, 231. Avertit Frédéric de l'hostilité contre lui, IX, 230, 232-233; X, 48-49. Songe à gagner Mme de Pompadour, 62-63. Sa mort, 63.

CHAMPEAUX. Chargé de négocier avec le comte de Montgardin, VII, 118 et suiv. Part pour Turin, 129, 130. Ses négociations, 130 et suiv. Quitte Turin, 138. Arrive à Paris, 140. Retourne à Turin, 145, 149-150. Nouvelles négociations, 166 et suiv., 181. Doit quitter Turin, 212.

CHARLEROI. Siège et prise de cette ville, VII, 316-318.

CHARLES VI, empereur d'Allemagne. Ses revers, I, 17-18. La *Pragmatique Sanction*, 20. Sa mort, 61, 66.

CHARLES VII, empereur d'Allemagne. Voy. CHARLES-ALBERT.

CHARLES-ALBERT, électeur de Bavière. Désiré comme souverain par les Viennois, I, 68-69. Proteste contre l'intronisation de Marie-Thérèse, 73. Entretiens avec Belle-Isle, 317-318. Relations avec la France au sujet de la Pragmatique Sanction, app. B. S'empare de Passau, II, 27. Entre à Linz, 32. Incapacité militaire, 60. Ne marche pas sur Vienne, 61 et suiv. et app. B. Relations avec Frédéric, 72-73, 104. Marche sur Prague, 68, 112. Arrive devant cette ville, 123-124. Hôte de l'électeur palatin, 11, 161 et suiv. Élu empereur, 164 et suiv. Son impuissance, 212-214. Entrevue avec Belle-Isle, III, 213-214 et app. F. Disposé à faire sa paix particulière, 214-215. Dissentiment avec de Broglie, 307 et suiv. Se plaint à Versailles, 310 et app. H. Sa détresse, 340-348. Visité par Noailles, 317 et suiv. Lettre à Noailles, 353-354. Dures conditions des alliés, IV, 17-18. Reçoit des subsides de la France, 157-158. Convention avec Frédéric, 278. Veut rejoindre Seckendorf, V, 20-23. Entre à Munich, 23-24. Visité par Belle-Isle, 93-98. Désespéré de l'arrestation de Belle-Isle, 126-127. Sa mort, 130-131. Impression produite en France, 110 et suiv.

CHARLES-ÉDOUARD STUART. S'échappe de France, IV, 190. Vient offrir ses services à la France, 197-199. Son expulsion demandée, 200-201. Chef d'une expédition éventuelle, 202. Débarque en Écosse, VI, 121 et suiv. Sa marche victorieuse, 143. Entre à Édimbourg, 279. Victorieux à Preston-Pans, 279. Reçoit l'appui de la France, 280 et suiv.; VII, 12 et suiv. Battu à Culloden, 233-234. Obligé par le traité d'Aix-la-Chapelle à quitter la France, IX, 273. S'y refuse, 274-276. Est arrêté, 276-278. Se résigne à céder, 278. Indignation générale, 278-280. Drame composé par d'Argenson, app. C.

CHARLES-EMMANUEL, roi de Sardaigne, I, 212. Son attitude énigmatique, 213-214. Offre son concours à l'Autriche, II, 213; III, 8. Son arrangement avec Marie-Thérèse,

IV, 10-20. Vainqueur des Espagnols, 20. Son alliance disputée par les deux camps, 21 et suiv. Négociations avec la France et l'Angleterre, 23 et suiv. Traité avec l'Autriche, 127 et suiv. La guerre lui est déclarée par la France, 101, 191. Ses revers, VII, 109 et suiv. Négociations avec la France, 114 et suiv., 166 et suiv. Ses confidences au ministre anglais, 161-163, 171-172. Sa duplicité, 172 et suiv., 187, 211-212. Rentre en campagne, 362 et suiv. Rappelle ses troupes de devant Gênes, VIII, 288-289. Ses préparatifs de défense, 295-296. Se refuse à l'offensive, IX, 70. Se résigne à adhérer aux préliminaires, 179-181. Accède au traité, 269.

CHARLES DE LORRAINE. Mis à la tête de l'armée autrichienne, II, 211. Battu à Chotusitz, 273-275. Sa jonction avec Lobkowitz, 296-298. Repousse les Français sur Prague, 298. Échoue devant Braunau, III, 117-118. S'empare de cette ville, 314. S'avance vers l'Alsace, 352. Agit mollement, IV, 4-5, 14-15. Rallié par les Français, 6-7. Nommé gouverneur des Pays-Bas, 212; X, 118. Reprend le commandement de l'armée, IV, 213. Passe le Rhin, 303. Envahit l'Alsace, 310-311. Repasse le Rhin, 365-368. Joint Frédéric, V, 67-69. Le fait reculer, 70 et suiv. Attaque la Silésie, 112 et suiv. Marche contre Frédéric, VI, 13. Battu à Friedberg, 59-60. Annonce à Marie-Thérèse la convention de Hanovre, 106-107. Harcèle Frédéric, 238-240. Livre la bataille de Sohr, 240 et suiv. Recule devant Frédéric, 329-330. Laisse battre les Saxons devant Dresde, 347-348, 351-352. Nommé maréchal de l'empire, VII, 287. Marche contre Maurice de Saxe, 314 et suiv. Se replie, 353. Revient contre Maurice, 419-420. Battu à Rocoux, 423 et suiv.

CHARTRES (Duc de), IV, 293. Force la porte du roi malade, 335-337.

CHÂTEAUROUX (Duchesse de). Voy. Mme de LA TOURNELLE.

CHATILLON (Duc de), gouverneur du Dauphin, IV, 231, 232. Hostile à Mme de Châteauroux, 376. Est exilé, V, 43.

CHAUVELIN (M. de). Éloigné par Fleury et soutenu par le parti de la guerre, I, 166-167. Successeur possible de Fleury, II, 216; III, 54-55. Son mémoire au roi, 231. Son exil est aggravé, 231-233. Antipathique au roi, VIII, 109.

CHAUVELIN, neveu du précédent. Nommé président honoraire au Parlement, III, 54. Retrait de sa nomination, 56.

CHAVANNES (C.te de), envoyé de Sardaigne à Bréda, VIII, 29, 38, 159, 163. Plénipotentiaire à Aix-la-Chapelle, IX, 89. Son indignation contre Sandwich, 155. Adhère aux préliminaires, 181.

CHAVIGNY, IV, 158-159. Envoyé auprès de l'empereur, 159. Entreprend de constituer une ligue de princes allemands, 160 et suiv. Entretiens avec Klingraeff, 167 et suiv. Rédige un projet de traité, 170-173. Ses plans menacés, 211-213. Fait signer le traité, 217. Ne peut retenir l'empereur à Francfort, V, 42. Le suit, 90, 126-127, 131. Ses conseils à Maximilien, 290 et suiv. Encourage les princes

confédérés, 291-295. Blâmé par d'Argenson, 300 et suiv. Ne peut empêcher la capitulation de Maximilien, 309 et suiv. Désespéré de l'inaction de Conti, VI, 87-88. Discrédité à Munich, 171. Pressenti par ordre de Marie-Thérèse, 203 et suiv. N'est pas utilisé par d'Argenson, 231-232. Rappelé, VII, 291. Ministre à Lisbonne, VIII, 77. S'entend avec Vauréal contre d'Argenson, 78-80.

CHESTERFIELD (Lord). Sa mission à La Haye, V, 260 et suiv. Entretiens avec La Ville, 270 et suiv. Entretiens avec Podewils, 269, 279 et suiv. Séjourne à La Haye, 383-384; VI, 35. Nommé ministre des affaires étrangères, VIII, 200 et suiv. Incline à la paix, 311-312. Démissionne, IX, 37-38. Lettre au sujet de la signature des préliminaires, 161-160.

CHEVERT (François de). Son rôle dans la prise de Prague, II, 130, 133 et suiv. Chargé du commandement des troupes laissées à Prague, III, 128-130. Sa fière attitude, 150. Évacue Prague, 151-152. Commande la place de Montcalvo, VII, 203. L'évacue, 207. Repousse les Piémontais, VIII, 130. Reprend les îles Sainte-Marguerite, 316-317.

CHICOYNEAU, médecin du roi, IV, 333-336.

CHOQUET, chargé d'affaires à La Haye, VIII, 178-180, 191, 195; IX, 161.

CHOLMONDELEY (Lord), VII, 207.

CHOTEK (Cte), ministre d'Autriche à Munich, VI, 203-204, 206, 259.

CHOTUSITZ (Bataille de), II, 273-275.

CHURCHILL (Robert), V, 410.

CLARKE (Lord), VII, 23.

CLÉMENT DE BAVIÈRE (Duc), II, 162.

CLERMONT (Cte de). Force la porte du roi malade, IV, 333-337. Se joint à l'armée bavaroise, 381. Aspire à remplacer Maurice de Saxe, VI, 22-23. Commande un corps sous celui-ci, VII, 329. Différend avec Maurice, 337 et suiv. Correspond avec Mme de Pompadour 339, 312-313. Prend Anvers, 314. Assiège Namur, 393. Prend Namur, 414, 417. Rejoint Maurice de Saxe, 421. Son rôle à Rocoux, 421. Tient garnison à Namur, VIII, 181, 234-235. Son rôle à Lawfeldt, 280-281.

CLERMONT-GALLERANDE (Mis de), VII, 30, 121, 423, note; VIII, 278, 281.

CLERMONT-TONNERRE (Mis de), VIII, 278, 281.

COIGNY (Maréchal de). Commande l'armée ramenée par de Broglie, IV, 4. Son insuffisance, 222, 283, 303, 310. Se retire sous Strasbourg, 315. Assiège Fribourg, 382, 385; V, 6.

COLLOREDO (Cte de), ambassadeur autrichien à la Diète. Visite l'électeur de Cologne, I, 286. Visite l'électeur de Mayence, 290. Négocie la paix avec la Bavière, V, 307, 311-312. Ambassadeur à Londres, X, 170-171. S'aperçoit des négociations anglo-prussiennes, 170-172.

COLOGNE (Électeur de). Ses querelles avec son frère l'électeur de Bavière, I, 285. Reconnaît Marie-Thérèse, 286. Son amitié pour le résident de France, 286 et suiv. Se rallie à la France, 290-291. Son

tions pour son second mariage, 383 et suiv. Froideur pour la nouvelle dauphine, VIII, 170-171. Ennemi de M™ de Pompadour, 172 et 173 note. Sa douleur de l'expulsion de Charles-Edouard, IX, 279. Hostile à Frédéric, X, 48.

DAUPHINE, fille d'Auguste III. Négociations pour son mariage, VII, 397 et suiv. Son attitude à la cour, VIII, 169 et suiv., 215 et note.

DELANOQUE, command' d'Hulst, VIII, 183.

DEMERATH, ministre autrichien à Berlin, I, 107.

DEVERS (M™), de l'Opéra, VII, 53.

DESALLEURS, ministre de France à Dresde, II, 190, 196.

DES GRASSINS, chef d'une compagnie franche, V, 397, 405, 430.

DES ISSARTS (M™, ministre de France à Dresde, VII, 416; VIII, 84-86, 146.

DETTINGEN (Bataille de), III, 333 et suiv.

DICKENS (Guy), chargé d'affaires d'Angleterre à Berlin, I, 104. Essaye de sonder Frédéric, 105-106.

DIÈTE ÉLECTORALE. Élit l'électeur de Bavière empereur, II, 160-161, 164. Se réunit pour lui donner un successeur, VI, 162 et suiv. Élit le grand-duc, 189-190.

DIÈTE GERMANIQUE. Repousse une proposition de Frédéric de lever une armée impériale, III, 281 et suiv.

DOMBES (Prince de), VII, 329.

DORIA (M™), envoyé de Gênes au congrès d'Aix-la-Chapelle, IX, 133.

DOUGLAS (chevalier), envoyé français à Pétersbourg, X, 398.

DOUGLAS (Lord), V, 132.

DRESDE. Conférence entre Auguste III et Frédéric, II, 190 et suiv. Occupation prussienne, VI, 358 et suiv. Traité de paix de Frédéric, avec Auguste III et avec Marie-Thérèse, 362 et suiv.

DROYSEN, auteur de l'Histoire de la politique prussienne, I, 9 et suiv.

DRUMOND (Lord), VII, 13.

DU BROCARD. Tué à Fontenoy, V, 401.

DU CHATELET (M™), II, 328; IV, 54-55, 119; VIII, 45, 281.

DUCLOS, X, 227.

DU DEFFAND (M™), II, 331-332.

DUFARGIS. Voy. FARGIS.

DUFOUR, secrétaire de Saint-Séverin, VI, 178-180.

DUFOUR (C"). Pseudonyme de Frédéric à Strasbourg, I, 52.

DU MESNIL (M™). Envoyé près de Frédéric, V, 11. Entretiens avec celui-ci, 12 et suiv. Entrevues avec l'empereur, 20.

DUMONT, chargé d'affaires à Vienne, X, 77.

DUMOULIN. Soigne le roi à Metz, IV, 357, 359.

DU ROURE (M™), IV, 293.

E

EGMONT (M™ d'), IV, 293; X, 381.

EGRA. Est prise par Maurice de Saxe, II, 233-234. Évacuée par les Français, IV, 5.

ROUILLER (M™ d'). Envoyé auprès de Charles-Edouard, VI, 282-283; VII, 13, 234.

EICHEL, secrétaire de Frédéric, II, 238; IV, 231; V, 29; VI, 93.

EINSIEDELN, général prussien. Évacue Prague, V, 77-79.

ÉLISABETH, mère de Marie-Thérèse, I, 23.

ÉLISABETH, reine d'Espagne. Ses visées ambitieuses en Italie, I, 210-211. Sa colère contre les prétentions sardes, IV, 27. Ses exigences, IV, 188; VII, 91 et suiv. Son caractère, 95-96. Intervient dans les opérations militaires, 110 et suiv. Son indignation des négociations franco-sardes, 151, 157. Cède, 210-211. S'accorde avec Noailles, 239, 241-242. Négociations avec celui-ci, 248 et suiv.

ÉLISABETH, tsarine de Russie. Son avènement, II, 118 et suiv. Abandonne à la France, 312; III, 8. Se brouille avec Marie-Thérèse, IV, 111-113. Se rapproche de Frédéric, 114-116. Flattée par lui, V, 324-326. Flattée par Louis XV, 326-327. Prend parti contre Frédéric, 328-330; VI, 303. Fait des réserves, 324-326. Se prépare à envoyer des troupes en Hollande, VIII, 377 et suiv. Presse leur marche, IX, 225-227. Leur marche est arrêtée, 267. Traite avec l'Angleterre, X, 256 et suiv. Animosité contre Frédéric, 258-260. Irritation contre l'Angleterre, 330 et suiv. Promet son concours à Marie-Thérèse, 354-359. Son impatience, 397-398.

ELZ (Cte d'), neveu de l'électeur de Mayence, I, 297-299.

EMPIRE (L'). Morcellement et confusion, I, 215-217. Pouvoir nominal de l'Empereur, 217-219; de l'administration impériale, 249-250; de la justice impériale, 250-251; de l'armée impériale, 252-253. La diète, 251 et suiv. Divisions religieuses, 256 et suiv. Irritation commune contre la France, 262 et suiv. Causes de cette irritation, 263 et suiv. Excitations de Marie-Thérèse, VII, 280 et suiv. Mesures dilatoires, 286-288; VIII, 212.

ENVILLE (Duc d'). Voy. ANVILLE.

EON (Chevalier d'), secrétaire du duc de Nivernais, X, 318, 319, note.

ERIZZO, ambassadeur de Venise à Vienne, VI, 198-199, 381.

ESPAGNAC (D'), aide de camp de Maurice de Saxe, V, 377, 392, 399, 428; VII, 423; VIII, 352.

ESPAGNE. Gouvernée par Élisabeth Farnèse, I, 210-211. Règle son attitude sur la France, 212. Une armée espagnole débarque en Toscane, II, 249. Doit lutter contre la Sardaigne, III, 8. Défaite de Campo-Santo, IV, 20. Alliance offensive avec la France, 191, 191; VII, 89-91. Accède au traité d'Aix-la-Chapelle, IX, 263.

ESTRADE (Ctesse d'), X, 128.

ESTRÉES (Cte d'), VII, 310.

EU (Cte d'), VII, 329.

F

FAGEL, pensionnaire de Hollande, IV, 256.

FARDIS, prétendu agent français, II, 309-310, 393-394.

FARISELLI, VII, 356.

FAVART. Mandé avec sa troupe par Maurice de Saxe, VII, 333-333, 400, 421-422, 427-428. Est mandé de nouveau, VIII, 231 et suiv. Sa lettre après Lawfeldt, 282.

FÉNELON (Mis de), ambassadeur de France à La Haye, IV, 63-

63. Embarrassé par la présence de Voltaire, 65 et suiv. Son discours aux États-Généraux, 261 et suiv. Chargé de sonder Wassenaer, VII, 71. Tué à Rocoux, 127.

FERDINAND VI, roi d'Espagne. Son avènement, VII, 354. Son caractère, 356-358. Veut faire épouser sa sœur au Dauphin, 384 et suiv. Lettre à Louis XV, 391-393. Indigné par les préliminaires d'Aix-la-Chapelle, IX, 181-182. Finit par y adhérer, 183-185.

FITZ-JAMES (Duc de), VII, 21.

FITZ-JAMES (François de), évêque de Soissons, grand-aumônier, IV, 231-232, 335, 337. Fait renvoyer M⁰ᵉ de Châteauroux et administre le roi, 339-341, 343-345, et app. C. Attaqué par l'opinion, 392.

FLAVACOURT (M⁰ᵉ de), III, -11. VII chez la duchesse de Mazarin, 205. Présente une supplique au roi, 206. Nommée dame du palais, 209-211. Correspondance avec le roi, IV, 211. N'accompagne pas la reine à Metz, 331-334. Assiste sa sœur mourante, V, 61.

FLEMING (Cte), VI, 301.

FLEURY (Cardinal de), I, 45. Son prestige, 79-80. Son caractère, 81 et suiv. Son attitude à la mort de Charles VI, 85 et suiv., 91-93, 96. Charge Voltaire d'une mission officieuse auprès de Frédéric, 93 et suiv. Veut garder l'expectative, 150. Indulgent aux faiblesses de Louis XV, 162. Attaqué par le parti de la guerre, 163-168. S'arrête à un moyen terme, 173-176. Entretien avec Belle-Isle, 177 et suiv. Cède aux conseils de Belle-Isle, 181 et suiv. Réponse à Frédéric, 185 et suiv.

Lettre à l'électeur de Bavière, 189-190. Promet à Frédéric une intervention armée, 201. Correspondance avec Marie-Thérèse, 208-211. Repousse les propositions de paix de Marie-Thérèse, II, 76-78. Félicite Frédéric de la prise de Neisse, 115-116. Ses réflexions après l'élection impériale, 166-167. Ses incertitudes, 220, 222-223. Son désespoir 314-315. Lettre à Frédéric, 315-317. Demande la paix à Marie-Thérèse, 317-318. Donne audience à Chambrier, 318-319. Frondé par l'opinion, 321-322. Fait transmettre à Vienne des offres de paix, III, 17-18. Écrit à Königseck, 22-24. Mécontentement envers Belle-Isle, 25 et suiv. Sa lettre à Königseck est publiée, 44-46. Son déclin physique et moral, 51. Sa joie de l'heureuse retraite de Prague, 156. Sa longue agonie, 168 et suiv. Sa mort, 231.

FOLARD (Chevalier de), III, 121. Ses conseils à Belle-Isle, 123-126. Relations avec Maurice de Saxe, V, 436; VI, 19-21; VII, 331.

FONTAINEBLEAU (Traité de) entre la France et l'Espagne, IV, 191, 191; VII, 89-91.

FONTENOY (Bataille de), V, 393 et suiv. Poème de Voltaire, VI, 4 et suiv.

FOX, X, 256.

FRANÇOIS Iᵉʳ, empereur d'Allemagne. Voy. le suiv.

FRANÇOIS DE LORRAINE. Son mariage avec Marie-Thérèse, I, 28-29. Impopularité en Allemagne et en Autriche, 67-68. Fait co-régent par Marie-Thérèse, 73. Sa confiance envers Frédéric, 107-108. Ferme langage qu'il tient à l'envoyé

de Frédéric, 130-132. Tenu à l'écart à Presbourg, II, 44-45. Reçoit la co-régence de Hongrie, 56-57. Commande une armée, 124. Repoussé devant Pisek, 169 et suiv. Quitte l'armée, 241. Retourne au camp autrichien, III, 3. Met le siège devant Prague, 58. Lève le siège, 71-72. Se porte contre Maillebois, 75-77. Penche pour un accommodement, 78, 83-84. Quitte l'armée. 117. Sa colère contre Frédéric, IV, 364. Empêché par Marie-Thérèse d'aller à l'armée, V, 68-69. Retourne à l'armée, VI, 96. Se rend à Mayence, 96-97. Élu empereur, 189-190. Son couronnement, 249, 252-254. Favorable aux propositions anglaises, 293. Son ressentiment contre la France, VII, 259-260; X, 14-15. Change d'attitude, 23-24, 26, 30, 34-35, 187.

FRÉDÉRIC I", roi de Prusse, I, 22.

FRÉDÉRIC II. Sa correspondance politique, I, 12. Jugements sur son caractère, app. A. Persécuté par son père, 30-31, 38. Se confine dans l'étude, 32 et suiv. Son mariage, 37. Tentatives des souverains étrangers pour se le concilier, 37 et suiv. Son avènement, 40. Ses premiers actes, 41 et suiv. Ses instructions à ses envoyés en Angleterre et en France, 46 et suiv. Premières relations avec Voltaire. 32, 34-35, 48-50. Va incognito à Strasbourg, 51 et suiv. Envoie le récit de cette équipée à Voltaire. 59-60. Entrevue avec Voltaire, 60-61. Démêlé avec l'évêque de Liège, 61-63. Lettre à Voltaire à la mort de Charles VI, 64-65. Préparatifs de guerre, 88-90. 99. Réception de Voltaire au Rheinsberg, 98 et suiv. Lettre à Algarotti, 99-100. Sondé par l'envoyé anglais, 105-106. Reconnaît la dignité royale à Marie-Thérèse et à son époux, 107. Préparatifs d'invasion de la Silésie, 109-110. Dévoile ses projets à Botta, 113-114, 127-129. Prétextes, 115-116. Élaboration clandestine de son plan, 117 et suiv. Efforts pour endormir l'Autriche et l'Europe, 123 et suiv. Propositions à la France, 135 et suiv. Il entre en Silésie, 141. Recherché à la fois par la France et l'Angleterre, 192-193. Son double jeu, 193 et suiv. Lettre à Fleury, 194-195. Lettre au roi d'Angleterre, 195-196. Instructions à Podewils, 197-198. Nouvel entretien avec Valori; demande à la France une intervention active, 199 et suiv. Mis dans une situation dangereuse, 214-215. Sa conduite en Silésie, 215 et suiv. Son inquiétude. 219. Se rapproche décidément de la France, 220-222. Agit auprès de l'Angleterre, 223. Flatte la Hollande, 235. Réveille à son profit le sentiment national en Allemagne, 270-272. Sa fuite, puis sa victoire à Molwitz, 311-313. Se détache de la France, et veut se rapprocher de l'Angleterre, 314 et suiv. Reçoit Belle-Isle à son camp, 320 et suiv. Ses entretiens avec Belle-Isle, 321 et suiv. Son récit de cette visite, 333-334. Reçoit lord Hyndford, 336, 338-339. Traite avec la France, 344 et suiv. et app. D. Suscite des difficultés dans l'exécution du traité, 353 et suiv. Sa duplicité, 358-359. Refuse les propositions faites par Robinson au nom de Marie-Thérèse, II, 19 et suiv. En-

tretiens avec Valori, 18-19, 25. Fait entrer ses troupes à Breslau, 26. Paraît repousser les nouvelles ouvertures de Marie-Thérèse, 80 et suiv. Soudaines récriminations contre ses alliés, 86 et suiv. Négociation secrète avec l'Autriche par l'intermédiaire de lord Hyndfort, 94 et suiv. Accord secret avec l'Autriche, 99 et suiv. et app. C et D. Occupe Neisse, 109-110. Sa mauvaise foi, 100-101, 110-111, 113. Négocie avec les deux partis, 118 et suiv. Félicite la France de la prise de Prague, 110 et suiv. Se dégage de ses promesses à l'Autriche, 144-145. Antipathie pour le maréchal de Broglie, 183 et suiv. et app. E. S'empare d'Olmütz et de Glatz, 186. Se désintéresse des opérations, 186. Se décide à rentrer en campagne, 187. Va conférer avec Auguste III à Dresde, ses exigences, 187, 190 et suiv. Va à Prague, 198-199. Prend Iglau, 203. Réussit à garder les troupes saxonnes, 205-207. Entre en Moravie, 208-209. Se replie en Bohême, 210. Son irritation, 238-240. Causes, 240, 241 et suiv. Sa défiance de la France, 246 et suiv. Songe à faire sa paix avec l'Autriche, 252 et suiv. Mande lord Hyndfort, ses propositions, 255 et suiv. Se décide à attaquer les Autrichiens, 268-269. Caresse Valori, 270-272. Son but, 272-273. Vainqueur à Cholusitz, 273-275. Ne poursuit pas les Autrichiens, 275-277. Triomphe bruyamment, 277-279. Reprend ses négociations, 284-285. Entretien avec Belle-Isle, 288 et suiv. Traite en toute hâte avec Marie-Thérèse, 299-301. Annonce sa défection à Valori, 301 et suiv. Dernier entretien avec Valori, 307 et suiv. Ses lettres à Belle-Isle, Charles-Albert, Fleury, 313-334. Félicité par Voltaire, 322 et suiv. Vers à Voltaire, 321. Lettre au même, 327. Motifs qu'il a allégués à sa défection, 335 et suiv. Son attitude à l'entrée en campagne de Maillebois, III, 57-58. Son opinion sur la retraite de Prague, 155. Traité avec l'Angleterre, 265-266. Irrité de la marche de l'armée anglaise, 263 et suiv. et app. G. Ses entretiens avec Hyndfort, 269 et suiv. Propose un plan pour indemniser l'empereur, 280. Demande à la Diète de former une armée impériale, 281-282. Echec de ces deux projets, 282 et suiv. Son double jeu deviné par Hyndfort et Valori, 289 et suiv. Félicite Valori de l'envoi d'une armée française, 296-298. Se décide à l'expectative, 298-300. Ses hésitations, IV, 28 et suiv. Correspondance avec Voltaire, 45 et suiv. Son artifice pour découvrir la nature de la mission de Voltaire, 82-84. Le reçoit à Berlin, 81, 84 et suiv. Sa conduite avec lui, 84 et suiv. Réponse à un questionnaire de Voltaire, 96 et suiv. Séjour à Bayreuth, 97 et suiv. Va à Anspach, 105. Fête Voltaire à Berlin, 108 et suiv. Continue à ne pas se livrer, 116-118. Opinion sur Voltaire, 120 et suiv. Inquiet du traité de Worms, 129-131. Sa colère contre Marie-Thérèse, 131-133. Préparatifs diplomatiques, 136 et suiv. Se rapproche de la Suède, 140; de la Russie, 143 et suiv. Projette une ligue

allemande contre Marie-Thérèse, 147-148. Demande le concours de la France, 148 et suiv. Prend ombrage de Chavigny, 166-167, 172-173. Envoie Rottenbourg à Versailles, 173. Veut des garanties de la France, 174-177. Mission assignée à Rottenbourg, 180 et suiv. Tergiverse, 208-209. Empêche la défection de Guillaume de Hesse, 213-214. Attitude envers l'Angleterre, 216 et suiv. Conclut un traité d'alliance avec la France, 272 et suiv. Accède à l'union des princes allemands, 277. Signe une convention avec l'empereur, 278. Veut faire rendre un commandement à Belle-Isle, 283 et suiv., 327; V, 28, 84. Entre en campagne, IV, 310 et suiv. Rappelle de Vienne son ambassadeur, 328. Envahit la Bohême, 363. Sa colère contre la France, 369-374. Réclame une action vigoureuse, 325 et suiv., 381. Modification de ses relations avec Louis XV, 387-389. Prend Prague, V, 8-9. Situation difficile, 9-11, 64-67. Entretiens avec Du Mesnil, 13 et suiv. Recule devant le prince Charles, 70 et suiv. A l'opinion contre lui, 80-83. Entretiens avec Valori, 85-88. Inspecte la frontière silésienne, 111-115. Refuse de réclamer la liberté de Belle-Isle, 117-118. Ses railleries, 123-124. Fait appel à l'Angleterre, 123. Feint de consulter Louis XV, 215 et suiv. Négocie avec l'Angleterre, 219 et suiv., 269, 279 et suiv. Son attitude devant la candidature d'Auguste III, 221 et suiv., 252-254. Sa position critique, 320 et suiv. Abandonné par Elisabeth, 328-330. Sa fermeté d'âme, 332 et suiv.

Réclame l'aide de la France, 338 et suiv. Opinion sur les Anglais à Fontenoy, 413, 424-425. Impression produite par la bataille de Fontenoy, VI, 47 et suiv. Attire les Autrichiens en Silésie, 47-48, 57-58. Victorieux à Friedberg, 58-60. Son attitude expectante, 63 et suiv. Demande des subsides à la France, 72, 77-78. Son dépit, 90-92, 98-99. Ses propositions à l'Angleterre, 102-103. Traite avec l'Angleterre, 144 et suiv. Ecrit à Louis XV, 152 et suiv. Attitude envers la Diète électorale, 165 et suiv., 176 et suiv. Raille Valori, 211-215. Embarras de sa situation, 231 et suiv. Menacé par les Autrichiens, 238-240. Livre la bataille de Sohr, 240 et suiv. Se retire en Silésie, 246. Reprend confiance, 266-269. Fait part à la France de la convention de Hanovre, 272-273. Averti du plan de Marie-Thérèse, 308 et suiv. Mesures diplomatiques et militaires, 313 et suiv. Ecrit à Louis XV, 319-321. Fait reculer Charles de Lorraine, 329-331. Offre la paix à Auguste III, 331, 362. Entre à Dresde, 358. Sa conduite, 359-362. Entretien avec d'Harrach, 365-366. Entretien avec d'Argel, 372-375. Signe la paix avec l'Autriche, 375. Réponse à Louis XV, 375-377. Irritation contre celui-ci, 377-380. Félicité par Maurice de Saxe, 380-381. Quitte Dresde, 382. Rentre en triomphe à Berlin, 383. Tend à se rapprocher de l'Angleterre, 397-399. Refuse son concours à la France, VII, 7-10. Ses conseils, 70, 275-277. Sa reserve et sa défiance, 292 et suiv. Lettre à Maurice de Saxe, 118-119. Approuve

le mariage du Dauphin et de la fille d'Auguste III, 432-434. S'oppose au passage de Richelieu à Berlin, VIII, 46-47. Envoie d'Argens à Dresde, 47. Instructions à Klingraeff, 48-49. Refuse son appui à d'Argenson, 93 et suiv. Jugement sur celui-ci, 101-102. Veut se concilier Paris-Duverney, 110. Attitude envers la France, 116 et suiv. Refuse le stathoudérat, 192-193. Sa neutralité, 216 et suiv. Sa joie de la victoire de Lawfeldt, 328 et suiv. Refuse de s'opposer au passage des troupes russes, 381 et suiv.; IX, 19 et suiv. Opinion sur l'ouverture du congrès d'Aix-la-Chapelle, IX, 3-4. Sollicité par l'Angleterre, 26-28, 113-114. Opinion sur l'attitude de la France, 127-128. Projette une alliance avec l'Angleterre, 234 et suiv. Entretien avec Legge, 235 et suiv. Raille la faiblesse de la France, 244-245. Complimente Maurice de Saxe, 245-246. Contrarié de l'arrêt des négociations, 246-248. Se tourne vers la France, 248 et suiv. Dénonce Valori, 250-252. Conversation avec Valori, 253 et suiv. Accède au traité d'Aix-la-Chapelle, 269-270. Opinion sur ce traité, 282. Ses projets, 283 et suiv. Empêche le rapprochement de la France et de l'Autriche, X, 37 et suiv. A un parti contre lui, 47-49. Sa conduite envers Mᵐᵉ de Pompadour, 60 et suiv. Conseille à la France d'attaquer le Hanovre, 100 et suiv. Refuse d'y coopérer 109 et suiv. Conseille d'envahir les Pays-Bas, 113 et suiv., 123 note. Son attitude ambiguë, 123 et suiv. Conseils au duc de Brunswick, 160-162. Négocia-tions avec l'Angleterre, 163 et suiv., 233. S'oppose à un traité franco-saxon, 235-238. En impose à Rouillé, 236-238. Proposition qu'il prête à Nivernais, 245-247. Fait des difficultés à l'Angleterre, 250 et suiv. Effrayé par le traité anglo-russe, 260-261. Traite avec l'Angleterre, 248, 261 et suiv. Ennuyé de l'arrivée de Nivernais, 265-266. Entretiens avec celui-ci, 269 et suiv. Essaye de se justifier, 273 et suiv. Attitude envers Rouillé, 286-287. Cherche à se renseigner, 304 et suiv. Séduit Nivernais, 315 et suiv. Brouillé avec Voltaire, 316-317. Accueil à Valori, 326-327. Ses adieux à Nivernais, 327-328. Son attitude après le traité de Versailles, 398 et suiv. Ultimatum à Marie-Thérèse, 402 et suiv. Nouvelle sommation, 407-408. Envahit la Saxe, 408-409.

FRÉDÉRIC-GUILLAUME, *le Grand Électeur*, I, 23.

FRÉDÉRIC-GUILLAUME, roi de Prusse, I, 23. Ses persécutions contre son fils Frédéric, 30-31, 38. Sa mort, 40.

FRIBOURG. Siège de cette ville, IV, 342 et suiv.; V, 9 et suiv. Est prise, 25.

FRIEDBERG (Bataille de), VI, 58-60.

FRONSAC (Duc de). Apporte la nouvelle de la prise de Mahon, X, 341.

FROULAY (Mᵉ de), tué à Lawfeldt, VIII, 277.

G

GAGES (Cᵗᵉ de), général espagnol, IV, 20; VII, 110-113, 204.

GALLISPANS, VII, 108.

GENDRON, III, 173.

GÊNES. Prise par les Autrichiens, VII, 379 et suiv. Se soulève contre eux, VIII, 70, 133-134. Assiégée par eux, 248. Délivrée, 288. Conditions obtenues à la paix d'Aix-la-Chapelle, IX, 148, 309, 316, 323.

GEORGES II, roi d'Angleterre, électeur de Hanovre. Se rend à Hanovre, II, 10. Promet un secours éventuel à Marie-Thérèse, 11. Promet sa voix à l'électeur de Bavière en échange de la neutralité du Hanovre, 32-33. Va se mettre à la tête de l'*armée pragmatique*, III, 259, 335. Sa conduite à la bataille de Dettingue, 312-313. S'établit à Worms, IV, 4. Refuse de bouger, 12-14. Haine contre Belle-Isle, V, 116. Opposé à la paix, 256, 283. Se rend en Hanovre, VI, 70, 73. Sa colère du débarquement de Charles-Édouard, 128-129. Consent à traiter avec Frédéric, 129. Presse l'élection impériale, 183. Entente secrète avec Marie-Thérèse, 306-307. Opposé à la paix, VIII, 23-24. Hésite, 312 313, 316. Annonce au Parlement le congrès d'Aix-la-Chapelle, IX, 1-2. Se rapproche de Frédéric, 26-27. Se rend en Hanovre, 213. Réprimande Sandwich, 229-231. Préfère l'alliance autrichienne, 285, 286; X, 27-28. Veut faire élire l'archiduc Joseph roi des Romains, 29 et suiv. Ses inquiétudes, 150 et suiv. Forcé de se rapprocher de Frédéric, 158-159. Entame des négociations avec Frédéric, 162 et suiv., 232-233. Discours provocateur contre la France, 238-239.

GESVRES (Duc de), IX, 275.

GILLES, envoyé par la Hollande à Versailles, VII, 227, 273; VIII, 22. Pensionnaire de Hollande, 32

GISORS (Cte de), fils de Belle-Isle, VIII, 244-245; X, 384.

GIVRY (Bailli de), IV, 333.

GLATZ, ville forte, II, 73, 87, 89-90. Prise par Frédéric, 186.

GOLTZ (De), envoyé par Frédéric à lord Hyndfort, II, 84-85, 95-96, 98-99, 101, 122.

GORZEGNE, ministre de Charles-Emmanuel, VII, 118. Négociations avec Champeaux, 133 et suiv. Ne consent qu'à signer une note, 138-139. Nouvelles négociations avec Champeaux, 166 et suiv. Exige un armistice, 170-171. Avertit les ministres d'Angleterre et d'Autriche, 191-192.

GOTTER (Cte de), envoyé à Vienne par Frédéric, I, 111, 129. Présente au grand-duc les propositions de Frédéric, 130-132. Quitte Vienne, 134.

GRAFTON (Duc de), VI, 116.

GRAMONT (Duc de). Sa fausse manœuvre à la bataille de Dettingue, III, 338, 340-311. Tué à Fontenoy, V, 403-404.

GRANVILLE (Cte). Voy. CARTERET.

GRIMALDI (Mis de), ministre de Gênes en Espagne, VII, 213, note.

GRIMBERGHE (Prince de), ministre de Charles VII à Paris, III, 320-321. Lettre à Belle-Isle, 325.

GRIMM, défenseur de Maurice de Saxe, VI, 17.

GROSS, général autrichien, VI, 297, 324.

GUARINI (Le P.), directeur d'Auguste III, I, 302, 310; II, 197, 310; V, 238, 242.

Guerchy (C¹º de). Son rôle à Fontenoy, V, 420.

Guillaume IV d'Orange, VIII, 191 et note. Proclamé stathouder, 193. Prétentions militaires, 226-227. Attitude belliqueuse, 311-315, 371. Refuse de contribuer aux frais de transport des Russes, IX, 11-13. Sa joie de la signature des préliminaires, 161-162. Ses égards pour Maurice de Saxe, 169. Sa mort, X, 153.

H

Hanovre (Convention de), VI, 111 et suiv.

Harcourt (Duc d'). Commande une armée de secours, III, 6, 27, 31. Remplacé par Maurice de Saxe, 17. Commande un corps de troupes dans les Vosges, IV, 315.

Harrach (C¹º d'). Envoyé à Dresde pour négocier avec Vaulgrenant, VI, 305, 336, 343-344, 346. Entretien avec Vaulgrenant, 352-354, 357 et app. B. Va proposer la paix à Frédéric, 363-366. Conversation avec Vaulgrenant, 382-383, 413. Envoyé à la conférence de Bréda, VIII, 29, 38, 159, 163-164.

Harrington (Lord), ministre des affaires étrangères, V, 335; VI, 73, 116. Démissionne, VIII, 206-207.

Hautefort (M¹⁵ d'). Ambassadeur à Vienne, X, 23. Conquis par Marie-Thérèse, 23-25, 32 et suiv. Rappelé, 77.

Havrincourt (M¹⁵ d'), ministre de France à Stockholm, X, 385.

Hay (Lord Charles). V, 410-412.

Hénault (Président), II, 331; VII, 315.

Henriette de France, VIII, 172.

Hesse (Guillaume de). Fait des ouvertures à la France, IV, 162-163. Manque de rompre, 211-214. Visité par Belle-Isle, V, 99-100. Rappelle ses troupes, 317.

Hesse (Landgrave de), IV, 139.

Hesse (Prince de), gendre du roi Georges, III, 31.

Hesse-Darmstadt (Landgrave de), VI, 97.

Holderness (C¹º de), secrétaire d'État anglais, X, 112. Irritation contre l'Autriche, 112-111. Charge Brunswick de s'entremettre auprès de Frédéric, 162-163. Négociations avec Frédéric, 218, 250-251, 257.

Hollande. Prix attaché à son alliance, I, 233. Puissance de la presse et du crédit, 234. Attitude de Frédéric envers cette puissance, 235. Manifestations antifrançaises, II, 320-321. Frayeur et désarroi, IV, 252 et suiv. Attitude belliqueuse, V, 322. Discordes civiles, VI, 35-37, 109-110. Rejette l'offre de la paix, 38. Rupture avec la France, 285-287. Gravité de la situation, VII, 54 et suiv. Envoi de Wassenaer à Versailles, 54, 60 et suiv. Négociations avec la France pour une paix générale, 221-222, 226 et suiv. Échec de ce projet, 258 et suiv. Proposition d'une conférence à Bréda, VIII, 22. Attitude à Bréda, 29 et suiv. Informée de l'invasion française, 179-180. Mouvements en faveur du prince d'Orange, 190 et suiv. Le stathoudérat rétabli, 193. Fureur excitée par le pillage de

Berg-op-Zoom, 372 et suiv. Refus de contribuer aux frais de transport des Russes, IX, 40-42. Effet produit par le siège de Maestricht, 108-109. Joie produite par la signature des préliminaires, 161-163. Attitude après la paix, X, 135-136, 152-153.

HOLSTEIN (Princesse de), sœur de Maurice de Saxe, V, 301; VI, 31. Le rejoint à Gand, VII, 28.

HOLSTEIN-EUTIN (Prince de), élu prince royale de Suède, IV, 140. Épouse Ulrique de Prusse, 140.

HOLSTEIN-GOTTORP (Pierre de), grand-duc de Russie. Épouse la princesse de Zerbst, IV, 144-146.

HONGRIE. Dispositions peu sûres de ce royaume, II, 37-39. Ouverture de la diète à Presbourg, 40. Réclame ses anciens privilèges, 40-48. Revirement en faveur de Marie-Thérèse, 51. L'armement est décrété, 55-56. La co-régence donnée au grand-duc, 56-57. Compromis avec la reine au sujet des libertés hongroises, 58-59.

HOUSCAR (Duc d'). Envoyé en mission extraordinaire en France, VII, 157, 176, 178. Nommé ambassadeur, 392, note. Rejoint le roi à l'armée, VIII, 211, 257-258. Différend avec Puisieulx, 318. Altercations avec le même, IX, 182.

HYNDFORD (Lord). Est envoyé comme ambassadeur auprès de Frédéric, I, 314-315. Ses négociations avec Frédéric, 336, 338-339. S'entremet en vain auprès de Marie-Thérèse, 339, 341. Transmet à Frédéric les nouvelles propositions de Marie-Thérèse, II, 81 et suiv. Sert d'intermédiaire pour une négociation secrète, 91-93, 95 et suiv. Rédige un protocole qu'accepte Frédéric, 99 et suiv., et app. C. Reconduit par Frédéric, après la prise de Prague, 141-145. Mandé par Frédéric 255-257. Confère avec Podewils, 258 et suiv. Transmet les propositions de Frédéric à Vienne, 265-267. Conseille à Marie-Thérèse de céder, 285-286. Négocie les préliminaires de paix, 300. Entretiens avec Frédéric, et avec Podewils, III, 269 et suiv. Sa défiance, 289-290. Entretien avec Valori, 290-291, 293-295. Démarche auprès de Frédéric, IV, 216 et suiv. Quitte Berlin, IX, 26. Ambassadeur en Russie, IX, 226.

I

INGOLDSBY (Lord). Son rôle à Fontenoy, V, 400, 405.

ISNARD, capitaine au régiment de Toulouse, V, 422.

IVAN, tsar de Russie. Est détrôné, II, 148-149.

J

JEAN V, roi de Portugal. Refuse sa médiation, VIII, 75-77.

JORDAN, I, 93, 103, 216.

JOSEPH (Archiduc), II, 49. Présenté aux Hongrois, 57. Projet de l'élire roi des Romains, X, 29 et suiv.

JUMONVILLE (De). Tué en guet-apens, X, 88.

K

KAUDERBACH (Baron de), agent saxon à Aix-la-Chapelle, IX,

188. S'entremet entre Kaunitz et Saint-Séverin, 189-191, 214 et suiv.

KAUNITZ (C** de), gouverneur des Pays-Bas, VII, 30. Assiégé dans Bruxelles, 37 et suiv. Capitule, 45-46. Reçoit des passeports, 47-48. Nommé plénipotentiaire à Aix-la-Chapelle, IX, 65-66. Opinion sur Saint-Séverin, 68. Premiers entretiens avec Saint-Séverin, 93 et suiv. Rapports avec Sandwich, 102-104. Près de s'entendre avec Saint-Séverin, 129 et suiv. Dupé par Saint-Séverin, 111-113. Reçoit communication des préliminaires, 151-153. Ses reproches à Saint-Séverin, 153. Proteste, 154. Se rapproche de Sotomayor, 183. Renoue avec Saint-Séverin, 191-192, 198 et suiv. Instructions qu'il reçoit de Marie-Thérèse, 193 et suiv. et app. A. Accède conditionnellement aux préliminaires, 201-202. Entretien avec Tercier, 203-206. N'obtient aucun engagement de Saint-Séverin, 210-212. Nouveaux pourparlers avec celui-ci, 214 et suiv. Soulève des difficultés, 219 et suiv. Mémoire en faveur de l'alliance française, X, 15 et suiv. Ambassadeur à Paris, 50. Son portrait, 50-53. Se fait bien voir, 53 et suiv. Relations avec Mme de Pompadour, 57 et suiv., 67-68, 76, 195-196, 991, 456 note 4. N'obtient rien, 68, 75-76. Nommé chancelier d'État, 76. Son attitude, 133 et suiv. Négociations avec Keith, 139 et suiv. Propose une alliance avec la France, 175 et suiv. Offres qu'il conseille de faire, 179 et suiv. et app. A. Adoption du projet, 186-187. Instructions à Stahremberg, 187 et suiv. Hésite entre Conti et Mme de Pompadour, 194-197 et note. Cherche à gagner du temps, 220-221, 223-224, 228. Accepte les conditions de la France, 290. Informé du traité de Westminster, 299-300. Entretien avec d'Aubeterre, 300-303. Impatient de conclure, 337 et suiv. Ses instructions nouvelles, 345-346. Communication décisive, 368-369. Influence sur Marie-Thérèse, 397, 405.

KAYSERLING, chambellan de Frédéric, I, 216.

KEITH, ambassadeur d'Angleterre à Vienne, X, 25-26, 29. Négociations avec Kaunitz, 138 et suiv. Rassure l'Autriche, 172. Communique le traité de Westminster, 299-300. Demande une audience, 368-369. Son entretien avec Marie-Thérèse, 395-397.

KEITH (Lord), ambassadeur de Prusse à Paris, X, 13, note 2, 63-66.

KHEVENHÜLLER (Maréchal de), II, 189. Bloque Ségur dans Lintz, 180 et suiv. Le force à capituler, 202. Marche sur Munich, 203. Sa jonction avec le grand-duc contre Maillebois, III, 75, 77.

KINSKI (C**), conseiller de Marie-Thérèse, II, 16, 139.

KLEIN-SCHNELLENDORF (Protocole de), II, 99 et suiv. et app. C et D.

KLINGRAEFFEN (Baron de). Ministre de Prusse à Francfort, IV, 107 et suiv. A Dresde, VIII, 48. A Vienne, X, 300-301, 303-304, 403-405.

KLINGGRAEFF (Baron de). Voy. le précédent.

KNYPHAUSEN (Chevalier de), ambassadeur de Prusse à Paris,

X, 66, 100, 106, 109-110, 112. Pousse à l'invasion des Pays-Bas, 121-122 et note. Étonné des retards de Nivernais, 230. A connaissance des instructions de Nivernais, 214-216, 300. Entretien avec Rouillé, 293 et suiv. Chargé de s'informer auprès de Mme de Pompadour, 308-310. Rapport à Frédéric, 383-384.

KOCH, envoyé par Marie-Thérèse à Belle-Isle, II, 77, 79. Secrétaire du cabinet, X, 53.

KONARSAU (Entrevue de), entre Belle-Isle et Königseck, III, 9, 10 et suiv.

KÖNIGSECK, maréchal autrichien. Entrevue avec Belle-Isle, III, 3, 10 et suiv. Nouvelle entrevue, 60 et suiv. Penche pour un accommodement, 78. Commande le contingent autrichien sous Cumberland, V, 381-382. Ses conseils à celui-ci, 399. Son rapport sur Fontenoy, VI, 34-35. Accusé de trahison en Hollande, 36.

L

LA CHÉTARDIE, ministre de France en Prusse, I, 39. En Russie, II, 150. Tombe en disgrâce près d'Élisabeth, 342. Vient à Paris, III, 174. Reçoit ses passeports d'Élisabeth, IV, 320; V, 325.

LA JONQUIÈRE, VIII, 211.

LALLY-TOLLENDAL (Cte de). Son rôle à Fontenoy, V, 420. Amène un secours à Charles-Édouard, VII, 13.

LA MINA (Mis de). Remplace Don Philippe en Italie, VII, 374. Son attitude équivoque, 375-377. Évacue l'Italie, 377-378. Se replie en Savoie, VIII, 12-13. Différend avec Belle-Isle, 203, 211, 217, 233 et suiv. Cède en partie, 293-295, 297-298. Récriminations contre Belle-Isle, 313 et suiv.

LANGUET, archev. de Sens. Opposé à l'élection de Voltaire à l'Académie, IV, 36. Reçoit une lettre de celui-ci, 40-41.

LA NOUE, résident auprès de la Diète, VI, 177, 189, 232, 252; VII, 285; VIII, 214, note.

LAPEYRONIE, médecin du roi, IV, 335-336; V, 41-42.

LAPORTE-DUTHEIL, premier commis aux affaires étrangères, IV, 218; V, 200. Envoyé à Bréda, VIII, 152-153, 159-160, 163, 167. Quitte Bréda, 196-197. Adjoint à Saint-Séverin, IX, 264-265.

LA ROCHEFOUCAULD (Duc de), V, 47.

LA SALLE (De). Envoyé en Pologne, IX, 36. Arrêté à Dantzig, 37.

LASCI (Cte de), général espagnol, VII, 202-203, et note.

LA TOUCHE, ambassadeur de France à Berlin, X, 43, et note. Ses instructions, 78. Entretiens avec Frédéric, 103-106, 113-116. Ne peut rien obtenir, 126-128. Son insuffisance, 128-129. Son discrédit, 132, 233. Ses rapports, 233, 265, 323. Est rappelé, 326.

LA TOUR (De). Envoyé à Frédéric, VI, 54-55, 61.

LA TOURNELLE (Mme de), III, 201-203. Remarquée par le roi, 202. Vit chez la duchesse de Mazarin, 203. Nommée dame du palais, 207-208. Pose ses conditions au roi, 213 et suiv. Favorite en titre, 219 et suiv. Pousse le roi à gouverner par lui-même, 231-233. On lui en sait gré, 232-233. Protège Voltaire, IV, 37, 42-43,

52. Pousse le roi à l'action, 189. Est faite duchesse de Châteauroux, 191-193. N'obtient pas de suivre le roi à l'armée, 226-227. Se retire à la campagne, 271. Reçoit une lettre de Frédéric, 273-274. Prend le parti de Belle-Isle, 286-287, 290. Songe à rejoindre le roi, 290-292. Son départ, 294-296. Réprobation générale contre elle, 296 et suiv. Suit le roi à Metz, 330-331. Tente d'isoler le roi malade, 334-336. Forcée de s'éloigner, 337 et suiv. Quitte Metz, 341-343. Regagne Paris, 346 et suiv. Sympathie d'une partie de l'opinion, 391. Importance politique de sa rentrée en grâce, V, 30-33. Soutenue par Richelieu, 33 et suiv. Son anxiété, 37 et suiv. Lettres à Richelieu, IV, 318 et suiv.; V, 37 et suiv. Rappelée à la cour, 52 et suiv. Tombe malade, 59-61. Sa mort, 61.

LAURAGUAIS (Duc de). Épouse M'' de Nesle, III, 312.

LAURAGUAIS (Duchesse de), III, 261, 263. Son mariage, 312. Accompagne sa sœur à l'armée, IV, 291-293. Bruits répandus sur elle, 297. Suit le roi à Metz, 330. Aide sa sœur à isoler le roi malade, 334-336. Obligée de partir avec elle, 349 et suiv. Regagne Paris, 346 et suiv. Ennemie de M⁴⁴ de Pompadour, VIII, 172.

LAUTREC (C'' de), ministre de France près l'empereur, IV, 169.

LA VILLE (Abbé de), secrétaire du Marquis de Fénelon, IV, 64-65, 67, 77, 254-255. Chargé d'affaires à La Haye, V, 256-257, 393-394. Ses entretiens avec lord Chesterfield, 270 et suiv. Conseille à d'Argenson la vigueur, VI, 218-240. Quitte La Haye, 286-287. Prend part aux négociations de Versailles, VII, 227. Nommé premier commis aux affaires étrangères, VIII, 17-18. Hostile à d'Argenson, 18-19. Conseille Puisieulx, IX, 64. Hostile à l'alliance autrichienne, X, 351. Opinion sur le traité de Versailles, 380.

LAWFELDT (Bataille de), VIII, 268 et suiv. Résultat imparfait, 322 et suiv.

LEBEL, valet de chambre du roi, IV, 318; V, 35.

LEDRAN, premier commis aux affaires étrangères, IV, 318, et app. C; V, 200-201, 314; VI, 124.

LEGGE (Sir John), ministre d'Angleterre à Berlin, IX, 27. Entretien avec Frédéric, 233 et suiv. Se tient sur la réserve, 217-218. Chancelier de l'Échiquier, X, 156. Partisan de l'alliance prussienne, 156-157.

LEIBNITZ. Maillebois y donne rendez-vous au maréchal de Broglie, III, 88-89. Insuccès de ce projet, 93 et suiv. Les Autrichiens s'en emparent, 122.

LEMAIRE (Abbé), ministre de France auprès de la Diète, X, 386.

LENORMANT D'ÉTIOLLES, mari de M⁴⁴ de Pompadour, V, 373; VII, 313; X, 309.

LENORMANT DE TOURNEHEM, VII, 315.

LESTOCQ, contribue à l'avènement d'Elisabeth de Russie, II, 150.

LEUTRUM (Baron de), général sarde. Surprend Asti, VII, 188, 197-199. S'empare de Montcalvo, 207-208.

LÉONVILLE (De), lieutenant de Belle-Isle, II, 8. Fait observer une sévère discipline, 30-32.

LICHTENSTEIN (Prince de). Ambassadeur de Marie-Thérèse en France, I, 80. Commande une armée en Italie, VII, 183, 191-195, 202. Remplacé, 361.

LIÉGE (Évêque de). Différend avec Frédéric, I, 61-63.

LIGONIER (Sir John). Pris à Lawfeldt, VIII, 275-276. Chargé de faire des ouvertures à Cumberland, 337 et suiv.

LINTZ. L'électeur de Bavière l'occupe, II, 33. Ségur y est bloqué, 182. Capitulation, 202.

LOBKOWITZ (Prince), général autrichien, II, 241. Battu à Sahay, 281-282. Sa jonction avec Charles de Lorraine, 296-298. Penche pour un accommodement, III, 78-79. Assiège Prague, 117, 121-122 et suiv. Laisse échapper l'armée française, 137-138, 141. Accorde sa libre sortie à Chevert, 150-152. Correspondance avec Belle-Isle, 155 et app. E. Battu en Italie, VI, 62. Adjoint à Charles de Lorraine, 239.

LOOS (Cⁱᵉ de), ministre de Saxe à Vienne, V, 245; VIII, 13, note. Va à Francfort, VI, 184-185.

LOOS (Cⁱᵉ de), frère du précédent, ministre de Saxe en France, VII, 350, note, 400, 416, 434; VIII, 13, 49, 65, 72, note, 141, 173. Entretiensavec Puisieulx, IX, 53. Transmet les propositions de Marie-Thérèse, 60 et suiv. S'entremet de nouveau, 207-209.

LORRAINE. Abandonnée par le duc François pour la Toscane, I, 28.

LOSS (Cⁱᵉ de). Voy. Loos.

LOUIS XV. Son mot à la mort de Charles VI, I, 145-146. Éloignement pour la guerre, 160. Délaisse la reine, 161. Est poussé à la guerre, 162-163. Son attitude à la défection de Frédéric, II, 315. Décide l'envoi de l'armée de Maillebois en Bohême, III, 52-53. Son indolence, 167, 178. Favorable au maréchal de Noailles, 181 et suiv. Lettre à celui-ci, 189-190. Abandonne Mᵐᵉ de Mailly pour Mᵐᵉ de La Tournelle, 200 et suiv. Poussé à régner par lui-même, 221-223. Ne donne pas de successeur à Fleury, 231 et suiv. Son attitude envers Belle-Isle, 275 et suiv. Son embarras, 320-321. Consent à envoyer Voltaire en mission à Berlin, IV, 52. Penche pour l'action, 188-190. Traite avec l'Espagne, 191, 194; VII, 89-91. Sa réponse à Rottembourg, IV, 204 et suiv. Impatient d'agir, 215 et suiv. Renvoie Amelot sans le remplacer, 218. Admire Frédéric, 219-220. Son départ pour l'armée, 216, 230-232. Arrive à l'armée, 265-266. Reçoit Wassenaer, 267-269. Préside au siège de Menin, 269-270; au siège d'Ypres, 301. Se porte contre le prince Charles, 311-313, 317. Poussé à l'offensive par Frédéric, 325-327. Arrive à Metz, 329-331. Tombe malade, 333 et suiv. Éloigne Mᵐᵉ de Châteauroux et est administré, 337-339, 341, 344-345, et app. C. Douleur publique, 355-356. Surnommé le Bien-Aimé, 356. Est sauvé, 357-359. Explosion de joie, 359-360. Ses passions se rallument, 374-375. Froideur pour Noailles, 377-380. Se rend au siège de Fribourg, 381 et

suiv. Conséquences fâcheuses de sa maladie. 386 et suiv. Quitte Metz, V, 2. Passe à Strasbourg, 2-4. Arrive devant Fribourg. 4. Flatté par Voltaire, 4-5. Entouré d'intrigues, 20 et suiv. Ses hésitations, 37. Exile Châtillon et Balleroy, 43-44. Séjour à Paris, 41-47. Prend un ministre des affaires étrangères, 48-50. Renoue avec Mme de Châteauroux, 53 et suiv. Sa douleur à la mort de celle-ci, 62-63. Refuse de secourir l'empereur, 129. Parti où il s'arrête, 165-167. Écrit à Frédéric, 250-252. Écrit à Élisabeth, 320-327. Part pour la Flandre, 311, 387-388. Arrive à l'armée, 389. Sa confiance envers Maurice de Saxe, 392-393. Son attitude courageuse à la bataille de Fontenoy, 391, 397-399, 401, 416-417. 419 et suiv., 437-438; VI, 54-55, note. Attitude après la victoire, 431 et suiv., 440. Complimenté par des députations, VI, 2-3. Sa reconnaissance envers Maurice de Saxe, 3-4, 14, 33; VII, 50. Mauvaise humeur contre Frédéric, VI, 74-76. Conquêtes aux Pays-Bas, 107. Accueilli froidement à Paris, 191. Reçoit Mme de Pompadour à la cour, 191-193. Aversion pour le grand-duc, 322-323. Son indécision, 339. Lettre à Frédéric, 366, 370-371. Correspondance avec Vauréal, VII, 100. Son attitude dans les négociations avec la Sardaigne, 123-130, 140, 143. Lettre au roi d'Espagne, 151-152. Avoue les négociations à Campo Florido, 159-160. S'adoucit en faveur de l'Espagne, 178-179. Est critiqué, 209. Envole Noailles à Madrid, 215. Ses instructions, 231-232. Arrive à Bruxelles, 330. Songe à remarier le Dauphin avec une infante, 383-384. Y renonce, 385 et suiv. Se décide pour la fille d'Auguste III, 398, 431, 495. Se détache de d'Argenson, VIII, 4, 87-88. Le congédie, 98. Intimité avec Maurice de Saxe, 173 et suiv. Se rend à l'armée, 232. Lettre à Belle-Isle, 260-261. Attitude à Lawfeldt, 268-270, 275-277. Lettres au dauphin et à la reine, 279-280. Lettre à Frédéric, 332. Sa satisfaction de la prise de Berg-op-Zoom, 360-369. Quitte l'armée, 375. Son impatience, IX, 207, 250, 257, 261-262. Ordonne à Saint-Séverin d'en finir, 263-265. Fait bon accueil à Kaunitz, X, 53-54. Sensible aux attentions de Marie-Thérèse, 59, 68. N'ose rompre avec Frédéric, 69 et suiv. Organise le *secret du roi*, 72 et suiv. Son indécision devant l'agression de l'Angleterre, 117 et suiv. Charge Bernis de négocier avec Stahremberg, 208 et suiv. Lui adjoint des ministres, 225. Accepte les propositions de Marie-Thérèse, 287-293. Ses réserves, 318-350. Consent à un traité, 369 et app. B. Son optimisme, 317 et suiv. Ses tergiversations, 390-393 et app. B.

LOUISBOURG. Voy. CAP-BRETON.

LOWENDAHL. (Cte de). Blessé devant Fribourg, V, 6. Mémoire en faveur d'une campagne en Flandre, 347-348. Son rôle à Fontenoy, 397, 427. Lettre à sa femme, 412-413. Circonvenu par le comte de Clermont, VI, 23-25. Prend Bruges, 107. Reçoit l'ordre du Saint-Esprit, VII, 32-33. Prend plusieurs places hollandaises,

VIII, 182. Assiège Berg-op-Zoom, 333, 352 et suiv. Prend cette place, 362 et suiv. Créé maréchal de France, 366-367. Prend Maestricht à revers, IX, 104, 106. Fait retarder l'assaut, 167. Prend possession de Maestricht, 169. Son mérite est reconnu, X, 109.

LUBOMIRSKA (Princesse), VI, 360.

LUTTEAUX (M⸳ de). Son héroïsme à Fontenoy, V, 414.

LUXEMBOURG (Duc de), II, 172.

LUYNES (Abbé de). Élu contre Voltaire à l'Académie, IV, 11.

M

MACANAZ (Melchior), envoyé espagnol à Bréda, VIII, 154 et suiv. Son attitude, 159 et suiv.

MACHAULT D'ARNOUVILLE, contrôleur général, X, 92-93. Passe à la marine, 93. Admis aux négociations avec l'Autriche, 225

MADAME INFANTE, épouse de Don Philippe. Veut remarier le Dauphin avec une Infante, VII, 384, 387-388.

MAESTRICHT. Investissement par Maurice de Saxe, IX, 104 et suiv., 167. Se rend à Maurice, 168-169.

MAILLEBOIS (C⸳ de), fils du maréchal. Envoyé à Turin, VII, 177, 182. Ne peut rien conclure, 183-185, 190-191.

MAILLEBOIS (Maréchal de). Commande une armée d'observation, II, 8. Est envoyé au secours de Prague, III, 48 et suiv., 51. Se marche en Allemagne, 73 et suiv. Jonction avec Maurice de Saxe, 77. Ses hésitations, 78 et suiv. Se met en marche pour re-

joindre de Broglie, 88 et suiv. Forcé de se replier sur Egra, 91-93. Chansonné à Paris, 99. Remplacé par de Broglie, 100, 115. Va au siège de Fribourg, V, 6. Prend ses quartiers d'hiver, 26, 92-93, 303. Remplacé par Conti, 306. Ses succès en Italie, VI, 62; VII, 108 et suiv. Invité à l'inaction par d'Argenson, 147-148. Sa sécurité, 189-190, 195-197. Laisse capituler Asti, 200-201. Accusé d'entente avec les Piémontais, 203 et suiv. Est subordonné aux généraux espagnols, 234-237. Revers qui en sont la suite, 364 et suiv. Force d'évacuer l'Italie, 377-378. Est rappelé, VIII, 13-15.

MAILLY (De), VIII, 303-307.

MAILLY (M⸳⸳ de). Pousse Louis XV à la guerre, I, 104. Soutient Belle-Isle, II, 219, 233, 235. Sa colère contre Voltaire, 328. Reçoit une supplique de celui-ci, 329-330. Lasse le roi, III, 200-204. Cède sa place de dame du palais, 209-211. Abandonnée par le roi, 213, 215, 221-223. Se donne à la dévotion, IV, 329-330; V, 61.

MANTEUFFEL, I, 90-91.

MARCHAND père et fils, fournisseurs militaires, IV, 55-56.

MARCIEU (C⸳ de), VIII, 126-127.

MARDEFELD, ministre de Prusse en Russie, IV, 113, 116; IX, 242.

MARIANNE (Archiduchesse), épouse Charles de Lorraine, IV, 342.

MARIE, reine d'Espagne, VII, 356-359; VIII, 201; IX, 181-182, 185; X, 341.

MARIE-ANTOINETTE. Sa naissance, X, 224.

MARIE-CHRISTINE. Sa naissance, II, 286-287.

MARIE LECKZINSKA, I, 160-161. Indulgente aux faiblesses de son mari, III, 208, 219. N'obtient pas de suivre le roi à l'armée, IV, 227-228. Rejoint le roi à Metz, 352-354, 357-358. Sa joie, 359. Ennuie le roi, 375. Renvoyée à Versailles, 381. Lettre à d'Argenson après Fontenoy, V, 435-436. Indulgente à Mme de Pompadour, VII, 323. Favorable au second mariage du Dauphin avec une infante, 381. Y devient hostile, 385. Sa répugnance à un mariage avec la fille d'Auguste III, 397, 416, 431.

MARIE-THÉRÈSE. Son portrait, I, 23 et suiv. Son mariage, 26 et suiv. Sa conduite à la mort de son père, 69 et suiv. Ses illusions, 107-108. Refuse d'entrer en accommodement avec Frédéric, 205-206. Correspondance avec Fleury, 209 et suiv. S'efforce de soulever l'opinion européenne en sa faveur, 211 et suiv. Sa fermeté après la défaite de Molwitz, 339-341. Se refuse, puis consent à proposer une transaction à Frédéric, II, 12 et suiv. Fait sonder l'électrice de Bavière, 15-16. Son abattement, 27. Quitte Vienne pour se rendre à Presbourg, 30. Son séjour en Hongrie; son couronnement, 40 et suiv. Proclame l'insurrection, 49 et suiv. Compromis avec la diète au sujet des libertés hongroises, 58-59. Fait des ouvertures à Fleury et à Frédéric, 74 et suiv. Son attitude à la prise de Prague, 139-140. Repousse les propositions de Frédéric, 206-207. Se résigne à traiter, 286-287, 312-313. Sa douleur, 319-330. Ne se prête à aucune concession, III, 38 et suiv. Fait concentrer ses troupes contre Maillebois, 75-76. Refuse tout accommodement, 84-85. Fait appel à l'Allemagne, 86-87. Instructions à ses généraux, 117. Son dépit de la retraite de Prague, 153. Refuse de faire la paix avec l'empereur, 248 et suiv. Ses goûts militaires, 253-254. Se rend à Prague, 254. Fait juger les rebelles, 255-256. Est couronnée, 256-258. Rentre en triomphe à Vienne, 355-356. Furieuse des exigences sardes, IV, 26-27. Traite avec la Sardaigne, 127 et suiv. Traite avec Auguste de Saxe, 132. Proteste contre l'élection de l'empereur, 132-133. La guerre lui est déclarée par la France, 210. Persévère dans ses projets agressifs, 235 et suiv. Apprend l'agression de Frédéric, 301-303. Rappelle le prince Charles en Allemagne, 363. Part pour Presbourg, 366. Fait publier une dépêche de Schmettau, V, 28-29. Empêche son mari d'aller à l'armée, 68-69. Ordonne d'envahir la Silésie, 113-114. Refuse toute concession à Auguste III, 241-246. Refuse de traiter avec Frédéric, 283-284. Offre la paix à la Bavière, 296-297. Fait envahir la Bavière, 307. Lettre à Maximilien, 314. Traite avec Auguste III, 322-323; VI, 79-80. Impression causée par la bataille de Fontenoy, VI, 45-47. Excite Georges II contre Frédéric, 73. Entretien avec Robinson, 130 et suiv. Refuse de faire la paix avec Frédéric, 139-143. Sa colère contre l'Angleterre, 194 et suiv. Refuse

un armistice à Frédéric, 198-199. Part pour Francfort, 200. Tente de se rapprocher de la France, 200 et suiv. 256 et suiv. Rejoint son mari, 247-248. Refuse d'être associée au couronnement, 249-252. Sommée par l'Angleterre d'adhérer à la convention de Hanovre, 277-278, 292 et suiv. Refuse, 296-297. Préparatifs diplomatiques et militaires contre Frédéric, 297 et suiv. Instructions à d'Harrach, 345-346. Se résigne à traiter avec Frédéric, 363-364, 375. Tend à se rapprocher de la France, 400 et suiv. Envoie une armée en Italie, VII, 186-187. Ressentiment envers la France, 258-259. Tente d'armer l'Empire contre la France, 280 et suiv; VIII, 212-213. Son attitude devant les ouvertures de la France, VIII, 69-71. Difficultés avec l'Angleterre, 115 et suiv., 203-204. Disposée à négocier, 344. Presse l'arrivée des auxiliaires russes, IX, 17-19. Se défie de ses alliés, 47 et suiv., 76, 102. Fait des ouvertures à la France, 53 et suiv. Envoie un projet de traité, 58 et suiv., 77-78. Nouvelles propositions, 114 et suiv. Refuse d'écouter Robinson, 122-124. Refuse d'accéder aux préliminaires d'Aix-la-Chapelle, 188 et suiv. Instructions à Kaunitz, 195 et suiv., et app. A. Cherche à gagner du temps, 219. Rassemble des troupes, 227-228. Se décide à céder, 267-268. Ressentiment contre l'Angleterre, 286-287. Se tourne vers la France, 289-291; X, 13, 19 et suiv., 32-33, 59, 77. Dissentiments avec l'Angleterre, 25-27, 30 et suiv., 135-137, 144 et suiv. Adopte le projet de Kaunitz, 186-187. Promet à Louis XV le secret, 193-194. Son dépit de l'attitude de la France, 221-223. Effet du traité de Westminster, 299-300, 334. Sollicitée par l'Angleterre, 335-336, 339, 340 note. Obtient le concours de la Russie, 356 et suiv. Propose à la France une convention de neutralité, 360-362. Propose un traité défensif, 363. Signature des traités, 373. Ses projets agressifs, 374 et suiv. Ses préparatifs, 391 et suiv. Attitude envers l'Angleterre, 395-397. Reçoit un ultimatum de Frédéric, 402 et suiv. Sa réponse, 405. Sommée de nouveau de désarmer, 407-408.

MARLBOROUGH (Duchesse de), II, 64.

MATHEWS, amiral anglais, IV, 195.

MAUPERTUIS, I, 98, 216. Ses mésaventures à la bataille de Molwitz, 313-314.

MAUPERTUIS (Abbé de), frère du précédent, VIII, 150-151.

MAUREPAS, ministre de la marine, I, 156; III, 205, 207, 231. Hostile à Voltaire, IV, 37-38, 41-42. Fait sa paix avec lui, 52. Opposé à une politique énergique, 187, 205. Raille le roi, 217-218. Ennemi de Mme de Châteauroux, 37, 359, 376. Envoyé auprès d'elle par le roi, V, 54-56. Soupçonne les négociations avec la Sardaigne, VII, 159. Fait l'intérim des affaires étrangères, VIII, 135-136. Hostile à l'Espagne, 316.

MAURICE DE SAXE, I, 304. Son caractère, 305-306. Agit sur Auguste III pour le gagner à la politique française, 307-308. Y réussit, II, 73-74. S'empare de Prague, 129 et suiv.

Est auprès du maréchal de Broglie à Pisek, 172. Assiste à la conférence de Dresde, 190 et suiv. Détaché au camp de Frédéric, 201 et suiv. S'emploie en faveur du maréchal de Broglie, 217. Prend Egra, 235-236. Remplace le duc d'Harcourt, III, 47. Sa jonction avec Maillebois, 77. Son attitude, 82-83. Suggère de marcher sur Leimeritz, 88-89. Envoyé par de Broglie à Paris, 242. Adjoint au maréchal de Coigny, IV, 4. Commande un corps de débarquement, 199 note et 202. Créé maréchal de France, 221. Passe à l'armée des Pays-Bas, 221, 266, 270. Sa belle campagne défensive, V, 353-356. Son ouvrage intitulé *Mes Rêveries*, 356 et suiv. Son caractère, 361-362. Vient à Paris, 362 et suiv. Tombe malade, 375. Rejoint son armée, 376. Investit Tournai, 377-378. Ouvre la tranchée, 385. Ses dispositions à l'approche des ennemis, 389 et suiv., 395-397. Approuvé par le roi, 392-393. Gagne la bataille de Fontenoy, 398 et suiv. Lettre à Folard, 436-437. Débat avec Richelieu, VI, 12 et suiv. Débat avec Folard, 19-21. Son mauvais état de santé, 22-23. Demande le gouvernement de l'Alsace, 28 et suiv. Veut pousser la campagne en Flandre, 89-90. Ses conquêtes, 107-108. Félicite Frédéric, 380-381. Hostile à une expédition en Ecosse, VII, 17. Préparatifs pour enlever Bruxelles, 27 et suiv. Se met en marche, 35-37. Lettres à Kaunitz, 38-39, 42-44. Assiège et prend Bruxelles, 40 et suiv. Sa réception à Versailles et à Paris, 50 et suiv. Ses conseils lors de la mission de Wassenaer, 60.

Son impatience, 277-278. Son intervention auprès de la Saxe, 304-307. Son embarras, 329 et suiv. Fait venir la troupe de Favart, 332 et suiv., 400. Différend avec Clermont, 337 et suiv. Différend avec Conti, 344 et suiv. Force Charles de Lorraine à reculer, 353. Intervient pour marier sa nièce au Dauphin, 400 et suiv. Relations amicales avec M⁰⁰ de Pompadour, 402 et suiv., 428-429. Correspondance avec Noailles, 406 et suiv. Lettre à Frédéric, 417-418. Gagne la bataille de Rocoux, 421 et suiv. Sa popularité, 430-431. Entrepris par Brühl, VIII, 50 et suiv. Entre dans les vues de celui-ci, 55 et suiv. Irrité contre Conti, 57-60. Est fait maréchal-général, 98-99. Désire continuer la guerre, 140-141. Demande à envahir la Hollande, 168-169. Intimité avec la famille royale, 169, 173 et suiv. Obtient l'autorisation sollicitée, 177-178. Envahit la Zélande, 181 et suiv. Son plan, 227 et suiv. Fait venir Favart, 234 et suiv. Se met en marche, 239-240. Victorieux à Lawfeldt, 268 et suiv. Accusations portées contre lui, 323 et suiv.; IX, 6 et suiv. Défendu par Frédéric, VIII, 332-334. Fait assiéger Berg-op-Zoom, 335-338. S'entremet pour négocier avec l'Angleterre, 336 et suiv. Est critiqué, 355 et suiv. Est fait gouverneur des Pays-Bas, IX, 8-10. Lettre à Brühl, 13-14. Prépare un plan secret, 14-15, 93. Investit Maestricht, 104 et suiv. Mécontent de la signature des préliminaires, 166-167, 169 et suiv. Exige la reddition de Maestricht, 168. Y fait son entrée, 168-169.

Lettre à Maurepas, 170-173. Complimenté par Frédéric, 245-246. Ses regrets de la paix, 258-259. Visite Frédéric, X, 46, 315. Sa mort, 109.

MAXIMILIEN, électeur de Bavière. Sa situation difficile, V, 287 et suiv. Écrit à Louis XV, 293. La paix lui est offerte par Marie-Thérèse, 296-297. Veut résister, 309. Signe la paix, 311 et suiv. Fidèle à l'Autriche, VII, 290-291.

MAYENCE (Électeur de). Importance de son rôle, I, 295-296. Gagné par l'Autriche, 296. Visité par Belle-Isle, 296-297. Ses tergiversations, II, 66-67. Convoque la diète, 125. La préside, 160. Sa mort, IV, 287. Remplacé par une créature de l'Autriche, 287; IV, 133. S'allie à Marie-Thérèse, 306-309; V, 318. Refuse de surseoir à l'élection, VI, 181. Son dévouement à l'Autriche, VII, 281, 289.

MAZARIN (Duchesse de), III, 205.

MENIN. Siège et prise de cette ville, IV, 269-270.

MENTZEL. Commande l'avant-garde du prince Charles, IV, 3-4, 10-11.

MEUSE (De), III, 220; IV, 232.

MICHELL, ministre de Prusse à Londres, IX, 113; X, 256.

MINORQUE. Enlevée aux Anglais, X, 380-381.

MINUTZI, général bavarois, III, 313-314.

MIREPOIX (Duc de), ambassadeur à Londres, X, 80, 97.

MIREPOIX (Mᵐᵉ de). II, 131. Lieutenant de Maillebois, VII, 303-304.

MITCHELL, ministre d'Angleterre à Berlin, X, 399, 402.

MODÈNE (Duchesse de). IV, 295, 302; V, 56-57.

MOLLA (Cardinal de), premier ministre de Portugal, VIII, 75-77.

MOLWITZ (Bataille de). I, 309, 311-313.

MONS. Siège et prise de cette ville, VII, 337, 344.

MONTAL (Cᵗᵉ de). Commande la garnison française d'Asti, VII, 196-197. Capitule, 198-199.

MONTALBAN (De), IV, 229.

MONTOARDIN (Cᵗᵉ de), conseiller d'État sarde. Son rôle de négociateur secret, VII, 117 et suiv., 111 et suiv., 177, 391.

MONTIJO (Cᵗᵉ de), ambassadeur d'Espagne près la diète électorale, I, 242. Grand-maître de la cour, VII, 97.

MONTROND (M. et Mᵐᵉ de), VIII, 127.

MONTAGNE (De). Son hostilité contre le maréchal de Broglie, II, 174-176. Porte un message à Valori, 301. Attaché à l'empereur. IV, 283. Entrevue avec Frédéric, 283-284.

MÜNCHAUSEN (Baron de), gouverneur d'Osterode. V, 106 et suiv. Chef du ministère hanovrien, VI, 73. Envoyé à Francfort, 183.

MURRY. Nom de convention de Fleury, II, 222.

N

NEIPPERG (Maréchal de). Commande les Autrichiens à Molwitz, I, 309. Maintenu à la tête de l'armée, 310; II, 71. Négocie avec Frédéric et opère sa retraite, 96, 98, 101-103, 110 et app. C et D. Se prépare à secourir Prague, 124, 127.

Neisse, ville de Silésie, II, 88. Siège fictif par Frédéric, 91-92, 95, 97-98. Sa reddition, 109-110 et app. C.

Nesle (Mme de). Voy. Duchesse de Lauraguais.

Newcastle (Duc de). Chef du cabinet anglais, V, 131; VI, 116-118; VII, 25-26. Opposé à la paix. VIII, 205-206, 342; IX, 42. Jaloux de Chesterfield, IX, 39 note. Lettres à Cumberland, 44-45, 47. Réprimande Sandwich, 231. Dissentiment avec Pelham, 232-233; X, 28. Reste seul, 90.

Nivernais (Duc de). Désigné comme ambassadeur extraordinaire à Berlin, X, 129 et suiv. Retards mis à son départ, 230 et suiv. Ses instructions, 240 et suiv. Son départ, 247. Arrive à Berlin, 248. Son caractère, 266-269. Entretiens avec Frédéric, 269 et suiv. Informé du traité de Westminster, 272 et suiv. Sa situation difficile, 280-283. Sa singulière attitude, 311 et suiv. Complètement séduit par Frédéric, 315 et suiv. Est rappelé, 324-326. Tendresse des adieux, 327-329.

Noailles (Cte de), cousin du maréchal, III, 339.

Noailles (Cte de), fils du maréchal. Accompagne son père en Espagne, VII, 237, 241. Reçoit la Toison d'Or, 255.

Noailles (Maréchal de). Consulté sur l'envoi de l'armée de Maillebois en Bohême, III, 50-52. Son portrait, 177 et suiv. Nommé au commandement des places de Flandres, 184 et suiv. Sa correspondance avec le roi, 187 et suiv. Entre dans les vues de Richelieu, 230. Appelé au conseil, 230. Nommé commandant de l'armée du Rhin, 239, 280. Sa tactique, 336-337. Son plan de bataille, 337-339. Bataille de Dettingue, 340-343. Son demi-succès compromis par l'évacuation de la Bavière, 344-346. Se rend à Francfort, 346-348. Demande un châtiment contre de Broglie, 348-349. Ramène ses troupes sur la frontière, 352-353. S'établit près de Landau, IV, 4. Lettre à Carteret, 8-9; à Khevenhuller, 10-11. Soutient Chavigny, 165. Partisan de l'action, 187, 205. Chargé de négocier avec Rottenbourg, 204. Commande l'armée sous le roi, 221, 224, 265, 270. Reçoit une lettre de Frédéric, 273. Est jalousé, 287-288. Rend hommage à Belle-Isle, 311. Se rend en Lorraine, 313 et suiv. Laisse repasser le Rhin au prince Charles, 366-369. Pris à partie par Frédéric, 371-372. Écrit à Frédéric, 372-373. Reçu froidement par le roi, 373-374, 377-380, 385. Va au siège de Fribourg, V, 6. Se refroidit pour Frédéric, 30, 339. Pris en haine par Mme de Châteauroux, 40. Son discrédit, 125-126, 163-164. Lettre au roi en faveur de la campagne de Flandre, 348-349. Assiste Maurice de Saxe à Fontenoy, 402-403. Son attitude lors de la mission de Wassenaer, VII, 68-71. Envoyé en mission à Madrid, 214. Ses instructions, 231-233. Ses portraits de la famille royale, 238-240. Négociations, 241 et suiv. Comblé de faveurs, 237, 254-255, 257. Appréciations sur sa mission, 245-246, 255-258, et app. B. Partisan du second mariage du Dauphin avec une infante, 384, 387, 389, 406. Correspondance avec Maurice de Saxe,

406 et suiv. Gagné au mariage saxon, 414-416. Mémoire contre d'Argenson, VIII, 88-91. Appuie les plans de Maurice de Saxe, 178. Le rejoint, 186. Ses conseils, 187-188. Sollicité par Belle-Isle, 258. Lettre à Belle-Isle, 263-264. Inquiet du siège de Berg-op-Zoom, 356-357. Hostile à Frédéric, X, 47-48. Attitude dans les négociations avec l'Autriche, 365-366, 386.

Norris, amiral anglais, IV, 217.

O

Ocier (Président), ministre de France à Copenhague, X, 385.

Orléans (Chevalier d'), VIII, 123-126.

Ormea (Mis d'), ministre de Charles-Emmanuel, IV, 21. Négociations avec la France et l'Angleterre, 23-25.

Orry, contrôleur général, II, 222, 226; III, 83, 322. Rallié à la politique d'action, IV, 271. Opposé à des subsides à Frédéric, VI, 76-77, 338.

P

Palatin (Electeur). Vote pour l'électeur de Bavière, II, 161. Donne des fêtes, 161 et suiv. Le margrave de Sulzbach lui succède, IV, 103. Se déclare neutre, V, 317. Son attitude à la diète électorale, VI, 107. Son attitude envers le nouvel empereur, 247-248. Fidèle à la France, VII, 289; VIII, 213. Ses réclamations, X, 31.

Pallanty, général autrichien, II, 330.

Paris-Duvernay, IV, 271; VII, 323 et suiv., 343; VIII, 15, 109-110.

Paris de Montmartel, VII, 323, 327, 391; VIII, 109-110.

Pascal, sergent au régiment d'Alsace, II, 135.

Passau. Occupé par l'électeur de Bavière, II, 27.

Paulmy (Mis de), fils du marquis d'Argenson, VIII, 2, 44, 46. Reçu par Frédéric, 101-102.

Pelham, ministre anglais, V, 323; VI, 116, 291; VII, 25-26; VIII, 23. Incline à la paix, 206, 341-342, 370-371; IX, 42. Dissentiment avec Newcastle, 232-233; X, 28. Sa mort, 90.

Penthièvre (Duc de), VII, 339.

Pérusseau (Le P.), confesseur du roi, IV, 338-339, 375.

Philippe V, roi d'Espagne, VII, 95-96. Son indignation des négociations franco-sardes, 154-156. Envoie un ambassadeur extraordinaire à Versailles, 157-159. Il cède, 210-211. Comble Noailles de faveurs, 237-239, 255, 257. Sa mort, 352.

Philippe (Don), Infant d'Espagne, IV, 19, 194; VII, 91. Accuse Maillebois de trahison, 204-205. Ses fautes et ses défaites, 361 et suiv. Rappelé par Ferdinand, 374. Abandonne Gênes, 379-380. Obtient Parme et Plaisance, IX, 147, 308, 315. Echange projeté par Kaunitz, X, 180-181, 315, 353-355, 372-373.

Picquigny (Duc de), V, 423.

Piosasque (Cte de), III, 331.

Piron. Lettre à Maurice de Saxe, VII, 430-431.

Pise. Attaqué en vain par le grand-duc, II, 169 et suiv. Evacué par les Français, 298.

Pitt, V, 223; VII, 26; X, 155-156.

Podewils, ministre d'État de Frédéric, I, 64, 88. Chargé d'élaborer un plan pour la conquête de la Silésie, 117 et suiv., 125-126. Instructions que lui adresse Frédéric, 197-198. Assiste à l'audience de Robinson, II, 20, 23, 24. N'est pas prévenu de la convention de Klein-Schnellendorf, 117. Chargé de s'aboucher avec lord Hyndfort, 255 et suiv. Pourparlers avec celui-ci, 259 et suiv. Reçoit pleins pouvoirs de Frédéric, 299-301. Entretiens avec Hyndfort, III, 272 et suiv. Consterné des revers de Frédéric en Bohême, V, 81-82. Lettre à Frédéric, 332. Entreprend Valori, 319. Entretien avec La Touche, X, 126-127. Entretiens avec Nivernais, 322-323.

Podewils (C⁰ᵉ), neveu du précédent. Ministre de Prusse à La Haye, IV, 60. Donne l'hospitalité à Voltaire, 61. Entrepris par celui-ci, 70-72. Correspondance politique avec Voltaire, 256, et app. B. S'abouche avec lord Chesterfield, V, 269, 279 et suiv. Rejoint Georges II à Hanovre, VI, 74. Ministre à Vienne, IX, 243.

Polastron (C⁰ᵉ de). Prend part à l'expédition de Frédéric en Moravie, II, 192, 201. Rappelé par le maréchal de Broglie, 203-204.

Pologne. Ne s'oppose pas au passage des Russes, IX, 29 et suiv. Les dissidents ne sont pas soutenus par la France, 32 et suiv. Passage des Russes, 35-38.

Pompadour (Mᵐᵉ de), V, 372. Relations avec Voltaire, VI, 7-9, 18. Présentée à la cour, 191-193. Son portrait et son rôle, VII, 310 et suiv. Relations amicales avec Maurice de Saxe, 402 et suiv., 428-429. Se déclare contre d'Argenson, VIII, 88. Cabales contre elle, 171-173. Invite Saint-Séverin à conclure la paix, IX, 263. Relations avec Kaunitz, X, 57 et suiv., 67-68, 76, 456 note 1, 195-197 et note, 291. Attitude de Frédéric envers elle, 60 et suiv. Stahremberg s'adresse à elle, 198-200. Choisit Bernis pour négocier, 200, 207 et suiv. Entrevue avec Stahremberg, 213-214. Refuse de recevoir Knyphausen, 308-310. Écrit à Nivernais, 311. Son rôle dans les négociations, 382 et note.

Port-Mahon. Pris par Richelieu, X, 381.

Prades (Abbé de), X, 71.

Pragmatique Sanction, I, 20. Garantie par la France, 75 et suiv. Réserves mises à cette garantie, 87, et app. B. Reconnue par la diète hongroise, II, 39.

Prague. Le siège en est décidé, II, 68 et app. B. Siège et prise de cette ville, 123-124, 127 et suiv. L'armée française y est assiégée, III, 58 et suiv. Évacuation de cette ville, Voy. Belle-Isle et Chevert. Entrée de Marie-Thérèse, 234 et suiv. Est prise par Frédéric, V, 8. Évacuée par les Prussiens, 77-78.

Preston-Pans (Bataille de), VI, 279.

Prusse. Développement de cet État, I, 21-23. Voy. Frédéric II.

Prusse (Prince de), frère de Frédéric, X, 307, 318.

Puisieulx (Mᵐᵉ de). Envoyé en mission en Hollande, VIII, 19 et suiv. Se fait bien venir

du roi, 25. Son attitude à Bréda, 27 et suiv. Lettre insolente à d'Argenson, 39-41. Nommé ministre des affaires étrangères, 110-111. Tombe malade, 134-135. Son indécision, 137-139. Attitude envers Frédéric, 143 et suiv.; IX, 24-25. Rejoint le roi à l'armée, VIII, 241, 257-258. Lettre à Belle-Isle, 261-262. Lettre à Vauréal, 265. Différend avec Huescar, 316. Entrevue avec Sandwich, 348 et suiv. Correspondance avec Frédéric, 383 et suiv. Opinion sur l'ouverture du congrès d'Aix-la-Chapelle, IX, 3. Entretiens avec Loos, 53. Son attitude entre les offres de l'Angleterre et de l'Autriche, 55-58, 63-65. Sa perplexité, 136-138. Obligé d'approuver Saint-Séverin, 157-159. Altercation avec Huescar, 189. Refuse d'accéder aux demandes de l'Autriche, 207-209. Lettre à Belle-Isle, 260-261. Reproches à Saint-Séverin, 263-264. N'ose rompre avec Frédéric, X, 45-46. Attitude envers Kaunitz, 54-55. Sa retraite du ministère, 56. Favorable à l'alliance autrichienne, 365, 367.

PUYZIEULX (Maréchal de). Consulté sur l'envoi de l'armée de Maillebois en Bohême, III, 50-51.

R

RAKOCZY (François), II, 38-39.

RENAUD, envoyé français à Trèves, VI, 171, 263; à Munich, VII, 291; VIII, 314 note.

RENNES (Évêque de). Voy. VAURÉAL.

REVEL (C.te de), 3e fils du maréchal de Broglie, II, 283; III, 63-64 et app. B.

RHEINSBERG (Château de), I, 32, 80, 97-98, 100.

RICHECOURT (C.te de). Ministre autrichien à Berlin, III, 274; à Turin, VII, 194; à Londres, X, 27.

RICHELIEU (Duc de). Son portrait, III, 193 et suiv. Compagnon de plaisir du roi, 199-200. Réussit à substituer Mme de La Tournelle à Mme de Mailly, 200 et suiv. Entre en relation avec Noailles, 200. Suggère de charger Voltaire d'une mission à Berlin, IV, 51. Partisan d'une action énergique, 187. Sa faveur, 194. S'entremet pour Rottenbourg, 203-204. Agit en faveur de Mme de Châteauroux, 291-292, 296, 334-337, 341-343, 345, 376. Lettres qu'elle lui écrit de son exil, 348 et suiv. Ses efforts pour la faire rappeler, V, 33 et suiv. Entretien avec le roi, 62. Son rôle à Fontenoy, 420 et suiv., 438. Débat avec Maurice de Saxe, VI, 11 et suiv. Chargé de diriger une expédition en Écosse, VII, 19 et suiv. Y renonce, 20 et suiv. Envoyé à Dresde chercher la fiancée du Dauphin, VIII, 2, 44 et suiv. Ses appréhensions, 61-62. Son accord avec Brühl, 67-68, 72-73, 93-96. Correspond avec celui-ci, 137 et suiv. et app. A. Envoyé à Gênes, IX, 15-16, 228. Opinion sur Saint-Séverin, 268-269. Chargé d'une expédition, X, 311. S'empare de Minorque, 380-381.

ROBINSON, ministre d'Angleterre à Vienne. Son opinion sur Marie-Thérèse, I, 28-29. Propose un accommodement entre Frédéric et Marie-Thé-

rèse, 198. Il échoue, 205-206. Fait de nouvelles propositions à Marie-Thérèse, 340-341. Annonce le traité franco-prussien, 11, 10. Engage Marie-Thérèse à transiger avec Frédéric, 12 et suiv. Se rend auprès de Frédéric, 17-18. Entretien avec Frédéric, 19 et suiv. Assiste au couronnement de Marie-Thérèse, 43-44. Se rend de nouveau auprès de Frédéric, 80-81. Tente d'amener Marie-Thérèse à la paix avec Frédéric, VI, 130 et suiv. Annonce à Vienne la convention de Hanovre, 196-197. Somme Marie-Thérèse d'y adhérer. 277-278, 292 et suiv. Chargé d'obtenir de Marie-Thérèse des concessions en Italie, IX, 113, 121 et suiv. Adjoint à Sandwich, 265-266. Remplacé à Vienne, 287. Nommé ministre des affaires étrangères, X, 66.

Rocoux (Bataille de), VII, 431 et suiv.

Rollin, I, 32.

Rottenbourg (C'° de), IV, 165. Ses antécédents, 178-180. Envoyé par Frédéric à Versailles, 173. Ses instructions, 180 et suiv. Entretien avec Valori, 184-186. Arrive à Versailles, 187. S'adresse à Richelieu, 203. Remet une note, 206. Blâmé par Frédéric, 208. Sa faveur auprès du roi. 219. Négocie, 271-273. Echange les signatures, 216. S'entremet entre Belle-Isle et la duchesse de Châteauroux, 223, 285-287. Son rôle dans la retraite de Prague, V, 79.

Rouillé. Nommé ministre des affaires étrangères, X, 63-65. Sa faiblesse envers l'Angleterre, 93-96. Négociations avec Frédéric, 107, 110-112. Admis aux négociations avec l'Autriche, 223-226. Son inertie devant Frédéric, 233 et suiv. N'ose rédiger les instructions de Nivernais, 242. Entretien avec Knyphausen, 284-286. Entretiens avec Stahremberg, 292-295, 296-297. Rappelle Nivernais, 324-325. Difficultés avec Stahremberg, 3..-351, 363. Prend part à la rédaction du traité de Versailles, 369, 373. En revendique l'honneur, 382. Sa piteuse attitude, 388-390. Tente de prévenir la guerre, 406.

Rudenschold, ministre de Suède à Berlin, VI, 311.

Russie. Sympathies pour l'Autriche, I, 236. Révolutions de palais, 236-237. Intrigues des agents étrangers, 237. Voy. Élisabeth.

Rustowski (De), général saxon, II, 137, 190, 205; VI, 324. Battu devant Dresde, 348 et suiv.

S

Sacy (Le P. de), confesseur de Mme de Pompadour, X, 309.

Sade (C'° de), résident de France à Cologne. Devient le favori de l'électeur, I. 286 et suiv., 294-293. Le rallie à la politique française, 290 et suiv. Retarde le départ de l'électeur pour la Diète, III, 235-236. Arrêté par les Autrichiens, V, 319.

Sahay (Combat de), II, 262.

Saint-Contest, ministre des affaires étrangères, X, 46, 50. Instructions aux ambassadeurs, 77-78. Sa mort, 63.

Saint-Florentin, secrétaire d'Etat, X, 325.

Saint-Germain (C'° de), VIII, 231.

SAINT-SÉVERIN (Cie de), ministre de France en Russie, V, 250. Sa mission à Francfort, VI, 177 et suiv., 225, 258. Nommé plénipotentiaire à Aix-la-Chapelle, IX, 67-68. Ses instructions, 71 et suiv. Préfère l'entente avec l'Autriche, 70-80. S'arrête à Bruxelles, 92. Arrive à Aix-la-Chapelle, 93. Premiers entretiens avec Kaunitz et Sandwich, 93 et suiv. Près de s'entendre avec Kaunitz, 129 et suiv. Rapports à Puisieulx, 134-136. Reçoit des avances de Sandwich, 138-140. Leurre Kaunitz, 141-143. Traite avec Sandwich, 143 et suiv. Excuses qu'il allègue à Kaunitz, 153-154 et note. Envoie les préliminaires à Versailles, 155-156. Son opinion sur ceux-ci, 173-174. Manège clandestin avec Kaunitz, 180 et suiv., 198 et suiv. Mandé à Compiègne, 203, 207. Revient à Aix-la-Chapelle, 210. N'apporte aucun engagement à Kaunitz, 210-212. Différend avec Sandwich, 213-214, 218. Nouvelles ouvertures à Kaunitz, 214 et suiv. Pris à partie par l'opinion, 262-263. Appelé à Versailles, 263. Reçoit l'ordre d'en finir, 263-265. Signe le traité définitif, 268.

SALIÈRES (Mis de), VIII, 313.

SANDWICH (Lord). Représente l'Angleterre à la conférence de Bréda, VIII, 23-24. Son attitude, 28-29, 33-34. Se rend à La Haye, 39. Son rôle dans les nouveaux pourparlers, 153-154, 163-164, 166. Opposé à l'intervention de Cumberland, 312, 316. Entrevue avec Puisieulx, 318 et suiv. Reçoit des instructions pacifiques, IX, 45-46. Ses dispositions, 88-89. Premiers entretiens avec Saint-Séverin, 93 et suiv. Rapports avec Kaunitz, 102-104. Reçoit des instructions conciliantes, 111-112. Fait des avances à Saint-Séverin, 138-139. Signe les préliminaires avec celui-ci, 143 et suiv. Les communique à Kaunitz, 151-153. Différend avec Saint-Séverin, 213-214, 218. Son impatience, 227-228. Réprimandé par Georges II, 229-231. En appelle à Pelham, 232. Mécontente son gouvernement, 265. Signe le traité définitif, 268.

SARDAIGNE. Voy. CHARLES-EMMANUEL.

SAUL (Cte), ministre de Saxe à Vienne, VI, 197, 200. Rejoint Marie-Thérèse à Francfort, 259-260, 300.

SAUMERY (Mis de), VII, 34-35.

SAXE. Voy. AUGUSTE III.

SAXE (Chevalier de), II, 137, 205.

SAXE-HILDBURGHAUSEN (Prince de), VIII, 354.

SCHMETTAU (De), maréchal prussien, II, 68, 100, 276. Envoyé auprès de Louis XV, IV, 328. Récrimine contre Noailles, 371-372. Réclame l'entrée en Allemagne, 381-389. Ses dépêches interceptées, V, 27-30.

SCHULENBOURG, général autrichien. Lève le siège de Gênes, VIII, 289.

SCHWERIN, feld-maréchal prussien, I, 64, 88. Chargé d'élaborer un plan pour la conquête de la Silésie, 117 et suiv. Gagne la bataille de Molwitz, 311.

SCOTTI, ministre espagnol, VII, 96-97.

SÉCHELLES, intendant à l'armée, II, 133, 108-109; III, 59; V, 81, 433. Contrôleur général des finances, X, 225, 292, 362.

SECKENDORP (De), maréchal bavarois, III, 37. Reprend Munich aux Autrichiens, 90. Laisse le prince Charles franchir le Rhin, IV, 310. Manœuvre sur la frontière bavaroise, V, 19, 22. Conférence avec Belle-Isle, 90. Incline vers l'Autriche, 127-128. Démissionne, 291-292. Fait conclure la paix, 311-312.

SECRET DU ROI. Sa création, X, 72-75. Connaissance qu'en a l'Autriche, 182-183.

SÉGUR (Cte de), VIII, 277.

SÉGUR (Mis de), II, 121, 169. Bloqué dans Lintz par les Autrichiens, 189. Capitule, 202. Commande un corps auxiliaire sous Seckendorf, V, 25. Battu par Thüngen, 123. Bat en retraite, 308. Assiste à Lawfeldt, VIII, 277.

SÉNAC, médecin de Maurice de Saxe, VII, 28-29.

BENNETERRE (Mis de), ministre de France à Turin. Négocie avec d'Ormea, IV, 23-25. Échoue, 127-129.

SILÉSIE. Envahie par les Prussiens. Voy. FRÉDÉRIC II. Soumission rapide, I, 101. Soulèvements, 214.

SOHR (Bataille de), VI, 210 et suiv.

SOISSONS (Évêque de). Voy. FITZ-JAMES.

SOTOMAYOR (Duc de), plénipotentiaire d'Espagne à Aix-la-Chapelle, IX, 75. Son arrivée, 120. Son indignation contre Saint-Séverin, 154-155. Se rapproche de Kaunitz, 183.

SOUBISE (Prince de), V, 0.

SOUVRÉ (Mis de), I, 146.

STAHREMBERG (Cte de), ambassadeur d'Autriche en France, X, 76, 121, 140. Chargé de proposer une alliance, 187 et suiv. S'adresse à Mme de Pompadour, 194 et suiv. Entrevue avec elle et Bernis, 213-214. Reçoit un contre-projet, 210 et suiv. Négociations avec Bernis, 227-228. Ses instructions, 283-290. Entretien avec Rouillé, 292-295, 296-297. Entretien avec Bernis, 295-296. Pressé par Kaunitz, 337-340. Nouvelles négociations, 314 et suiv. Enlève les dernières résistances, 364, 368-359. Rédaction et signature du traité, 369 et suiv. Transmet un mémoire de Bernis, 391-392 et app. B.

STAINVILLE (Mis de), ministre de Toscane en France. Transmet à Vienne les offres de Fleury, III, 17-18. Transmet la réponse à Fleury, 42. Pourparlers avec Tencin, VI, 221.

STAIRS (Lord), ministre d'Angleterre à La Haye, III, 31. Commande un corps de l'armée pragmatique, 259, 335. Donne sa démission, IV, 13.

STANISLAS LECKZINSKI, IV, 316.

SUÈDE. Alliée de la France, I, 238. Est une menace pour la Russie, 238-239. Rupture avec la Russie, II, 32. Reprise des relations, 151.

SULTZBACH (Margrave de), neveu de l'électeur palatin, II, 161. Lui succède, IV, 162. Voy. PALATIN.

T

TALLARD (Maréchal de), V, 120-121, 134.

TALLEYRAND (Mis de). Sa mort, V, 391.

TALMONT (Princesse de), mal-

60-61. Son rôle à Lawfeldt, 268, 273, 274-275. Imputation contre Maurice, 321. Anecdote sur le siège de Maestricht, IX, 167.

VALORI (Mis de), ministre de France en Prusse. Relations avec Frédéric avant son avènement, I, 39-40; après son avènement, 90. Appréciation sur le séjour de Voltaire au Rheinsberg, 101-102. Conférences avec Beauvau et Voltaire, 103-104. Rapport sur la mission de Botta, 113. Entretien avec Frédéric avant l'invasion de la Silésie, 135 et suiv. Rapport à Fleury, 142-143. Nouvel entretien avec Frédéric, 199 et suiv. Lettre à Belle-Isle, 203-204. Mandé par Frédéric pour conclure l'alliance, 220 et suiv. Se rend de nouveau auprès de Frédéric, II, 18. Conversations avec celui-ci, 18-19, 25. Sa confiance dans les promesses de Frédéric, 80 et suiv. Ses soupçons, 90 et suiv. Éloigné du camp par Frédéric, 91. Joué par Frédéric, 100, 103. Entrevues orageuses avec Frédéric, 117 et suiv. Précède Frédéric à Dresde, 188-189. Assiste à la conférence, 190 et suiv. Suit Frédéric à Prague, 193. Son découragement, 269 et suiv. Informé par Frédéric de sa défection, 304 et suiv. Mal accueilli à Prague, 305-307. Retourne au camp prussien, 307. Dernier entretien avec Frédéric, 308 et suiv. Conversations avec Hyndford, III, 290, 293-296. Conversations avec Frédéric, 292-293, 298-298. Rapports avec Voltaire à Berlin, IV, 96-97, 106-107. Reçoit une note de Frédéric, 149 et suiv. Débats avec celui-ci, 153-156. Entretien avec Rottenbourg, 184-186. Son anxiété, V, 83-83. Entretien avec Frédéric repoussé de Bohême, 85-88. Intervient en faveur de Belle-Isle, 112, 117-118. Sa perspicacité, 218-219. Propose à Frédéric de porter Auguste III à l'empire, 224 et suiv. Négocie avec ce dernier, 235 et suiv. Retourne à Berlin, 248. Entretien avec Frédéric après Fontenoy, VI, 51 et suiv. Assiste à la bataille de Friedberg, 60. Tenu à l'écart par Frédéric, 147-149. Manque d'être enlevé par les Autrichiens, 211 et suiv. Entrepris par Podewils, 319. Sa situation difficile, 366-368. Jugement sur d'Argenson, VIII, 103. Maintenu à son poste, 149-150. Tente d'entraver le passage des Russes, IX, 23-24. Mécontent des conditions de la paix, 245. Dénoncé par Frédéric, 250-252. Conversation avec Frédéric, 253 et suiv. Part en congé 256. Relevé de ses fonctions, X, 42. Nommé de nouveau à Berlin, 326-327. Communique à Frédéric le traité de Versailles, 399. Tente de retenir Frédéric, 406-407.

VAN HAREN, député aux États de Hollande, IV, 73 et suiv.

VAN HOEY, ambassadeur des Provinces-Unies à Paris, IV, 73. Est joué, 257 et suiv. Ses relations avec d'Argenson, V, 263-265. Ses effusions après Fontenoy, VI, 39-40. Son discrédit à La Haye, VII, 73-76. Transmet une lettre de d'Argenson en faveur des partisans de Charles-Édouard, 263 et suiv. Est rappelé, VIII, 193-196 et note 1. Sa joie de la signature des préliminaires, IX, 161-163.

Vaudreuil. (Chevalier de), IX, 277.

Vaulorenart (M⁽ᵘ⁾ de). Envoyé à Dresde, V, 250, 319. N'obtient rien d'Auguste, VI, 79-81. Altercation avec Brühl, 185-1t.J. Est informé de la convention de Hanovre, 200-201. Chargé de négocier avec Marie-Thérèse, 227 et suiv. Son embarras, 333-338, 340 et suiv. Entretien avec d'Harrach, 353-354, 357, et app. B. Conversation avec le même, 382-983, 413. Est remplacé, VII, 83.

Vaurhal, évêque de Rennes, ambassadeur en Espagne, III, 212, 237; VII, 93 et suiv. Son portrait, 98-100. Son amitié avec d'Argenson, 101. Altercations avec Elisabeth, 111-112. Annonce les négociations franco-sardes, 153 et suiv. Ses appréciations sur la mission de Noailles, 245-246, 255-256. Son opinion sur les nouveaux souverains, 358-360. Partisan du second mariage du Dauphin avec une Infante, 384-385, 347. Correspondance aigre-douce avec d'Argenson, VIII, 5 et suiv., 78-80. Opinion sur Macanaz, 156. Désespéré de la faiblesse envers l'Espagne, 266-267. Communique les préliminaires d'Aix-la-Chapelle, IX, 181-182, 184-185.

Valvenargues. Ses souffrances pendant la retraite de Prague, III, 146-147.

Vertadour (Duchesse de), IV, 229-230.

Vergennes (Chevalier de), ambassadeur à Constantinople, X, 383.

Versailles (Traité de) avec l'Autriche, X, 369 et suiv. et

app. B. Impression produite, 378 et suiv.

Vienne. Consternation de la population, II, 33. La marche sur Vienne est abandonnée, 67 et suiv. et app. B.

Vionacourt (M⁽ᵘ⁾ de). Tué à Fontenoy, V, 417-418.

Villars (Duchesse de), IV, 38-39.

Villemur (De), VIII, 305, 307.

Villeneuve (De). Refuse le ministère des affaires étrangères, V, 49-50.

Villeroy (Duc de), VII, 51.

Villette, ministre d'Angleterre à Turin, VII, 164-165, 171-172, 191-194.

Villiers, ministre d'Angleterre à Dresde, VI, 332, 334.

Vincent, chargé d'affaires de France à Vienne, II, 33-36; III, 31, 336.

Vintimille (Mᵐᵉ de). Pousse Louis XV à la guerre, I, 161. Aurait reçu de l'argent de Belle-Isle, 173. Son crédit, II, 4. Sa mort, 219.

Voltaire. Premières relations avec Frédéric, I, 33, 31-35, 48-50, 59-60. Chargé de rédiger un manifeste à l'adresse de l'évêque de Liége, 81. Envoyé confidentiel de Fleury auprès de Frédéric, 93 et suiv. Séjour au Rheinsberg, 98 et suiv. Différend avec Frédéric, 101-103. Conférences avec Valori et Beauvau, 103-104. Relations avec l'ambassade de France à Berlin, app. C. Lettre en vers sur l'attitude de Frédéric en Silésie, 216-217. Son récit des débats de la diète de Presbourg, II, 60 et suiv. Félicite Frédéric, 322 et suiv. Sa lettre est publiée, 328. Il la

dément, 328 et suiv. Son amitié avec Richelieu, III, 195-196. Fait étalage de sa liaison avec Frédéric, IV, 33-35. Se présente à l'Académie, 35 et suiv. Echoue, 44. Son irritation. 45. Correspondance avec Frédéric, 45 et suiv. Conseillé de quitter Paris, 50-51. Reçoit la mission de sonder Frédéric, 51 et suiv. Ses honoraires, 53-56. Précautions pour dissimuler le but de son voyage, 50 et suiv. Son séjour à La Haye, 60 et suiv. et app. A. Ses imprudences, 71 et suiv. Sa mission est devinée, 76 et suiv. Quitte La Haye, 81. Artifices de Frédéric pour s'édifier, 82-84. Arrive à Berlin, 84. Relations avec Frédéric, 85 et suiv. Lui remet un questionnaire, 90 et suiv. Accompagne Frédéric à Bayreuth, 95 et suiv. Accueil qu'il y reçoit, 99 et suiv. Ne peut percer les projets de Frédéric, 102-104. S'adresse au margrave, 104-105. Regagne Berlin, 105. Rapports avec Valori, 96-97, 106-107. Fêté par Frédéric, 108 et suiv. Marivaude avec la princesse Ulrique. 112-114, 140. Dernière tentative auprès de Frédéric, 115 et suiv. Part pour Bruxelles, 119-120. Renseigne le gouvernement sur la Hollande, 236-237 et app. B. Epître au roi, V, 4-5. Relations avec le marquis d'Argenson, 185 et suiv. Rédige une lettre du roi pour Elisabeth, 326-327. Ecrit une comédie pour le mariage du Dauphin, 367 et suiv. Nommé historiographe, 369-370. Célèbre la victoire de Fontenoy, VI, 4 et suiv. Relations avec Mme de Pompadour, 7-9, 15. Est attaqué, 9 et suiv. Rédige

un manifeste au peuple anglais, VII, 14-18. Félicite d'Argenson, 161-162. Conseille le mariage du Dauphin avec une princesse de Savoie, 390. Pousse Richelieu à aller à Berlin, VIII, 44-46. Lettre à Frédéric, 147. Lettre et épître sur Lawfeldt, 282-284. Se rend auprès de Frédéric, X, 61, 71. Se brouille avec lui, 316-317. Récit de la mission de Nivernais, 323.

W

WALDECK (Prince de). Commande les troupes hollandaises, V, 382. Son rôle à Fontenoy, 400. Ne secourt pas Bruxelles, VII, 45. Jaloux de Cumberland, VIII. 235. Attitude à Lawfeldt, 277-278. Tente de couper l'armée française, 335.

WALL, agent secret de l'Espagne, IX, 48, 49, note, 51, note.

WALPOLE (Horace), VI, 120, 290; X, 284.

WALPOLE (Lord), frère du suivant, I, 232; X, 158, note.

WALPOLE (Robert), I, 44, 214. Son caractère, 231-232. Quitte le pouvoir, II, 242.

WASHINGTON (Georges), X, 80.

WASNER, ministre d'Autriche en France, I, 207-208.

WASSENAER (Cte de). Envoyé par la Hollande au camp français, IV, 285. Reçu par le roi, 267-269. Envoyé à Versailles, VII, 54, 60 et suiv. Son attitude et ses propositions, 72 et suiv. Nouvelles négociations, 228 et suiv., 252-253; VIII, 92. Représente la Hollande à Bréda, 31-35, 191.

WEISSENFELS (Duc de), général saxon, V, 72. Battu à Friedberg, VI, 59.

WESTMINSTER (Traité de), entre la Prusse et l'Angleterre, X, 248, 261-263. Conséquences pour la France et l'Autriche, 333-335, 341-343. Effet sur Elisabeth de Russie, 357-358.

WIED (De), envoyé par Marie-Thérèse à Belle-Isle, II, 77.

WILLIAMS, ambassadeur d'Angleterre à Pétersbourg, X, 259-260, 358, 359-360, 398.

WOLF, I, 32.

WOLFENSTIERN, ministre de Suède à Dresde, VI, 311.

WORMS (Traité de), entre l'Autriche et la Sardaigne, IV, 127 et suiv.

WURTEMBERG (Duc de), IV, 102, 162; V, 94, 317; VII, 289; VIII, 213.

WÜRTZBOURG (Evêque de), III, 35.

Y

YARMOUTH (Lady), maîtresse de Georges II, IX, 39, note.

YORK (Duc d'), VII, 23.

YPRES. Siège et prise de cette ville, IV, 270, 298, 301.

Z

ZINZENDORF, chancelier d'Autriche, I, 206.

ZINZENDORF (Cardinal), archevêque de Breslau. Emprisonné par Frédéric, I, 218. Remis en liberté, 314.

www.ingramcontent.com/pod-product-compliance
Lightning Source LLC
Chambersburg PA
CBHW061240030726
47595CB00004B/1628